1 MONTH OF
FREE
READING

at
www.ForgottenBooks.com

By purchasing this book you are eligible for one month membership to ForgottenBooks.com, giving you unlimited access to our entire collection of over 1,000,000 titles via our web site and mobile apps.

To claim your free month visit:

www.forgottenbooks.com/free925839

ISBN 978-0-260-07129-3
PIBN 10925839

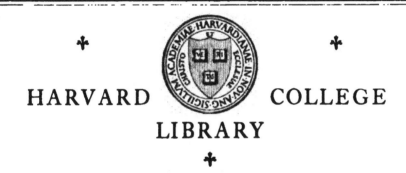

EXPOSÉ SOMMAIRE

DES TRAVAU

DE JOSEPH LAKANAL.

EX-MEMBRE DE LA CONVENTION NATIONALE
ET DU CONSEIL DES CINQ-CENTS.

Pour sauver, durant la révolution, les sciences, les lettres, et ceux
qui les honoraient par leurs travaux

...

*Voir page 206,
et l'index à la fin.*

PARIS,

TYPOGRAPHIE DE FIRMIN DIDOT FRÈRES,
RUE JACOB, 56

1838.

EXPOSÉ SOMMAIRE
DES TRAVAUX.

EXPOSÉ SOMMAIRE

DES TRAVAUX

DE JOSEPH LAKANAL,

EX-MEMBRE DE LA CONVENTION NATIONALE

ET DU CONSEIL DES CINQ-CENTS,

Pour sauver, durant la révolution, les sciences, les lettres, et ceux
qui les honoroient par leurs travaux.

Qui statuit aliquid, parte inaudita altera,
Æquum licet statuerit, haud æquus est.

SÉNÈQUE (Médée).

———◆———

PARIS,

TYPOGRAPHIE DE FIRMIN DIDOT FRÈRES,

RUE JACOB, 56.

—

1838.

DES TRAVAUX

DE JOSEPH LAKANAL,

EX-MEMBRE DE LA CONVENTION NATIONALE
ET DU CONSEIL DES CINQ-CENTS,

Pour sauver, durant la révolution, les sciences, les lettres, et ceux qui les honoroient par leurs travaux.

Qui statuit aliquid, parte inaudita alterâ,
Æquum licet statuerit, haud æquus est.
Sénèque (Médée).

———————

Je n'ignorois pas que les gens de lettres sont, en général, d'illustres nécessiteux, et qu'il falloit les soutenir, les aider; je n'ignorois pas que, sans cet appui et ces secours, ils iroient sur une terre étrangère où ils seroient accueillis par les gouvernemens voisins, qui savent que les sciences paient leurs bienfaiteurs de l'immortalité.

J'étois convaincu que cette émigration contribueroit, d'une manière fatale, à déconsidérer la révolution.

C'est avec cette ferme et profonde conviction que je suis arrivé à la Convention nationale.

Voilà quel fut mon point de départ irrévocablement arrêté; voilà la mission toute spéciale que je m'étois assignée.

J'avois l'espoir fondé que je serois connu d'un assez grand nombre de mes collègues pour être appelé au comité d'instruction publique (1). Je ne fus pas déçu dans mes prévisions. J'ai été nommé et maintenu, durant toute la longue session de la Convention (trois ans), dans ce comité, qui étoit réorganisé chaque mois.

Je me trouvai bientôt en rapport avec MM. Lavoisier, Vicq d'Azyr, Laplace, Daubenton, Desfontaines, Lacépède, Bossut, Cousin le géomètre, Pingré, etc.

J'ai été à eux ou ils sont venus à moi, c'est ce qu'il importe fort peu de savoir. (Voyez leur correspondance à la fin de cet opuscule.)

Je n'ignorois pas que la plupart étoient peu favorables au nouvel ordre de choses; mais j'étois rassuré en songeant que les sciences ne sont jamais en guerre. Maintenant je vais laisser parler les faits.

(1) Voyez page 194.

RAPPORT

SUR L'ACADÉMIE DES SCIENCES DE PARIS,

Au nom des comités d'instruction publique et des finances réunis.

CITOYENS,

Le Corps législatif a confirmé l'Académie des sciences dans la jouissance des attributions annuelles qui lui avoient été antérieurement faites par l'Assemblée constituante.

Le payement de ces attributions s'est toujours effectué d'après l'état nominatif adressé à la trésorerie nationale par le ministre de l'intérieur.

Quelque modique que soit le traitement d'académicien, il ne s'obtient qu'après vingt ans de travaux assidus ; et les places auxquelles il est attaché, ont toujours été la récompense du génie modeste, et non la proie de l'homme intrigant et protégé.

Les fonctions académiques n'étant salariées qu'en proportion du temps dont elles exigent le sacrifice, les savans qui les remplissent n'abandonnent pas à un repos funeste à la chose publique, la gloire qui les attend dans la postérité.

Plusieurs tiennent au corps du génie, de l'artillerie ou de la marine, soit comme officiers, soit comme examinateurs.

Les autres sont attachés à l'Observatoire comme astronomes, au Jardin des plantes, au Collége national de France, à la Monnoie, comme professeurs et démonstrateurs.

Il est évident qu'aucun d'eux ne pourroit se charger de remplir ces fonctions pénibles et peu lucratives, s'il falloit ou les remplir gratuitement, ou renoncer en s'en chargeant au traitement académique.

Ces vérités, éclairées de tout le jour de la démonstration, ne sont point senties par les commissaires de la trésorerie nationale; ils opposent aux membres de l'Académie des sciences l'article 12 de la loi du 17 juin 1791 : elle porte que tous les fonctionnaires publics députés au Corps législatif ne pourront pas recevoir cumulativement deux traitemens.

Le payeur principal se croit fondé à inférer de cette disposition de la loi, que nul fonctionnaire public ne peut cumuler deux traitemens à la fois.

Il est facile de démontrer que cette interprétation de la loi en détorque le vrai sens.

D'abord la loi est uniquement relative à l'organisation du Corps législatif et à ses fonctions, ainsi que le titre même l'annonce : la disposition dont il s'agit a été dictée par la raison que les fonctions de représentant du peuple sont physiquement incompatibles avec tout autre emploi, et qu'elles sont d'ailleurs convenablement salariées.

Je dis en second lieu que cette loi ne peut convenir à l'Académie des sciences. En effet, si lès fonctions académiques excluoient de tout autre emploi lucratif, les savans qui en sont revêtus manqueroient de l'absolu nécessaire, puisque la cumulation même de ces deux traitemens, loin de dédommager d'une longue suite de sacrifices, des hommes fatigués d'années et de doctes veilles, leur font tirer à peine le nécessaire d'un travail pénible.

D'ailleurs, pourquoi cette difficulté qui n'est fondée sur aucune loi positive? Appartient-il à un simple citoyen, sans caractère public, d'ajouter aux dispositions des lois, de les généraliser, d'en faire des applications arbitraires?

Il me seroit facile d'étendre davantage ces preuves : le décret que vous avez rendu le 8 mars dernier porte, en termes exprès, que les établissemens d'instruction publique, dont les fonds ont toujours été faits par la trésorerie nationale, continueront d'être payés sur les anciens états, *de la même manière*, jusqu'à l'organisation définitive de l'instruction.

Ces expressions, *de la même manière*, ne laissent aucun doute sur les dispositions de l'Assemblée : il en résulte évidemment que vous avez voulu qu'il ne fût rien innové au mode de payement de toutes les dépenses concernant l'instruction publique.

Prononcer l'incompatibilité des deux traitemens pour les membres de l'Académie des sciences, ce seroit, ou frapper de destruction cette société célèbre au moment même où, par ordre de la nation, elle s'occupe sans relâche d'un travail qui étonnera l'Europe savante par la simplicité des procédés et la sublimité des résultats, et consacrera le nom de cette illustre compagnie à la reconnaissance des siècles à venir : je parle de l'uniformité des poids et mesures.

Ou vous prononceriez par le fait l'exclusion des académiciens, de toutes les places qui exigent la connoissance des sciences exactes ; et alors vous enlevez à la nation l'avantage inappréciable de choisir ses agens parmi ceux qui en sont les plus dignes par leurs lumières et par leur civisme.

Ici je révélerai des secrets qui honoreront à jamais les lettres.

Citoyens, des nations jalouses de votre gloire ont fait de longs efforts pour vous enlever les hommes célèbres qui implorent aujourd'hui votre justice : ils ont préféré une vie pauvre, mais utile à leur pays, à tous les trésors du despotisme, une liberte orageuse à un esclavage tranquille. Ils ont fait plus : comme la sublime vertu n'a pas de vanité, ils ont cherché à dérober ces preuves éclatantes de civisme à la reconnoissance nationale. Tel est le caractère des grands hommes : ils savent mériter et mépriser la gloire.

Dans des jours plus prospères, vous ferez jouir ces estimables savans des récompenses que la patrie attache aux vertus civiques qu'ils ont pratiquées. Vous n'oublierez pas la maxime d'un sage : *Le législateur doit mourir pauvre et n'en point laisser.*

Je vous propose le projet de décret suivant :

La Convention nationale, ouï le rapport de ses comités d'instruction publique et des finances réunis, décrète ce qui suit :

Les décrets des 22 août, 13 juin et 25 juillet 1791, et 9 décembre 1792, ne sont point applicables aux traitemens dont jouissent les membres de l'Académie des sciences de Paris : en conséquence, ces traitemens leur seront payés comme par le passé, en conformité de l'état envoyé par le ministre, sur la simple justification des quittances d'imposition, et d'après la preuve d'une résidence non interrompue de six mois au moins dans le territoire de la république. Les traitemens mentionnés en l'article premier du décret du 20 août 1790, montant à 8,100 livres, continueront d'être répartis comme par le passé, d'après un état certifié de l'Académie, et visé par le ministre de l'intérieur. Lesdits traitemens seront remis en masse au trésorier, pour être payés conformément audit état, sous sa responsabilité.

Ce projet de décret est adopté.

Au Louvre, le 17 mai 1793, an 11 de la R. F.

CITOYEN LÉGISLATEUR,

L'Académie des sciences a reçu, avec le plus vif intérêt, la lettre que vous avez écrite pour lui annoncer le décret rendu par la Convention nationale d'après le rapport que vous avez fait au nom du comité d'instruction publique, relativement à la nomination aux places vacantes dans le sein de l'Académie. Elle sent combien l'exception qui vient d'être faite en sa faveur est honorable pour elle, et je suis chargé de vous écrire en son nom pour vous en faire ses remerciemens. En défendant la cause d'une compagnie qui a été réellement utile aux progrès des sciences, vous avez acquis des droits à la reconnoissance des véritables savans. L'Académie en particulier connoît tout le prix de ce que vous avez bien voulu faire pour elle, et j'ose vous assurer qu'elle n'en perdra jamais le souvenir.

Agréez les assurances du respectueux dévouement avec lequel je suis,

Citoyen Législateur,

Le C. DESFONTAINES,
Secrétaire par *intérim* (1).

———————

Séance du 19 *juillet* 1793, AN II.

CITOYENS,

De toutes les propriétés, la moins susceptible de contestation, celle dont l'accroissement ne peut ni blesser l'égalité républicaine, ni donner d'ombrage à la liberté, c'est sans contredit celle des productions du génie; et si quelque chose doit étonner, c'est qu'il ait fallu reconnoître cette propriété, assurer son libre exercice par une loi positive, c'est qu'une aussi grande révolution que la nôtre ait été nécessaire pour nous ramener sur ce point, comme sur tant d'autres, aux simples élémens de la justice la plus commune.

Le génie a-t-il ordonné, dans le silence, un ouvrage qui recule les bornes des connoissances humaines, des pirates littéraires s'en emparent

(1) C'est sur le vu des pièces autographes que cet opuscule est imprimé.

aussitôt, et l'auteur ne marche à l'immortalité qu'à travers les horreurs de la misère. Et ses enfans !... Citoyens, la postérité du grand Corneille s'est éteinte dans l'indigence. L'impression peut d'autant moins faire des productions d'un écrivain une propriété publique, dans le sens où les corsaires littéraires l'entendent, que l'exercice utile de la propriété de l'auteur, ne pouvant se faire que par ce moyen, il s'ensuivroit qu'il ne pourroit en user, sans la perdre à l'instant même.

Par quelle fatalité faudroit-il que l'homme de génie, qui consacre ses veilles à l'instruction de ses concitoyens, n'eût à se promettre qu'une gloire stérile, et ne pût revendiquer le tribut légitime d'un si noble travail?

C'est après une délibération réfléchie, que votre comité vous propose de consacrer des dispositions législatives qui forment, en quelque sorte, la déclaration des droits du génie.

Le rapporteur lit un projet de décret qui est adopté en ces termes :

DÉCRET

DE LA CONVENTION NATIONALE,

Du 19 juillet 1793, l'an ii de la République française,

Relatif aux droits de propriété des auteurs d'écrits en tout genre, des compositeurs de musique, des peintres et dessinateurs.

La Convention nationale, après avoir entendu son comité d'instruction publique, décrète ce qui suit :

ART. 1er. Les auteurs d'écrits en tout genre, les compositeurs de musique, les peintres et dessinateurs qui feront graver des tableaux ou dessins, jouiront, durant leur vie entière, du droit exclusif de vendre, faire vendre, distribuer leurs ouvrages dans le territoire de la République, et d'en céder la propriété en tout ou en partie.

2. Leurs héritiers ou cessionnaires jouiront du même droit durant l'espace de *dix ans*, après la mort des auteurs.

3. Les officiers de paix seront tenus de faire confisquer, à la réquisition et au profit des auteurs, compositeurs, peintres ou dessinateurs et autres, leurs héritiers ou cessionnaires, tous les exemplaires des éditions imprimées ou gravées sans la permission formelle et par écrit des auteurs.

4. Tout contrefacteur sera tenu de payer au véritable propriétaire une somme équivalente au prix de trois mille exemplaires de l'édition originale.

5. Tout débitant d'édition contrefaite, s'il n'est pas reconnu contrefacteur, sera tenu de payer au véritable propriétaire, une somme équivalente au prix de cinq cents exemplaires de l'édition originale.

6. Tout citoyen qui mettra au jour un ouvrage, soit de littérature ou de gravure, dans quelque genre que ce soit, sera obligé d'en déposer deux exemplaires à la bibliothèque nationale ou au cabinet des estampes de la République, dont il recevra un reçu, signé par le bibliothécaire; faute de quoi il ne pourra être admis en justice pour la poursuite des contrefacteurs.

7. Les héritiers de l'auteur d'un ouvrage de littérature ou de gravure, ou de toute autre production de l'esprit ou de génie qui appartienne aux beaux-arts, en auront la propriété exclusive pendant dix années.

Visé par l'inspecteur,

Signé, S. E. Monnel.

Collationné à l'original, par nous, président et secrétaires de la Convention nationale, à Paris, le 24 juillet 1793, l'an second de la République.

Signé : Jean-Bon Saint-André, président; Billaud-Varenne et R. T. Lindet, secrétaires.

Séance du 4 *juin* 1793, an ii dé la République.

CITOYENS,

Les monumens des beaux-arts qui embellissent un grand nombre de bâtimens nationaux, reçoivent, tous les jours, les outrages du vandalisme. Des chefs-d'œuvre sans prix sont brisés ou mutilés. Les arts pleurent ces pertes irréparables. Il est temps que la Convention arrête ces funestes excès : déjà elle a adopté, sur mon rapport, une mesure de rigueur pour la conservation des morceaux précieux de sculpture qui décorent le jardin national des Tuileries. Le comité d'instruction vous propose de généraliser votre décret et de l'étendre à toutes les propriétés nationales. Elles appartiennent à tous les citoyens en général : elles ne sont à aucun d'eux en particulier. C'est donc au nom des droits de la cité entière que je vous demande de protéger les arts contre les nouvelles pertes dont ils sont menacés ; je vous propose en conséquence le projet de décret suivant :

La Convention nationale, ouï le rapport de son comité d'instruction publique, décrète la peine de deux ans de fers contre quiconque dégradera les monumens des arts dépendans des propriétés nationales. — Ce projet de décret est adopté.

Le lecteur impartial observera que ces décrets ont été provoqués aux jours caniculaires de la révolution, dans ce temps où ces mots **académicien** et **aristocrate** étoient synonymes.

La Convention nationale avait décrété :

« Il y aura pour toute la République un Institut national, chargé de recueillir les découvertes, de perfectionner les arts et les sciences (art. 298 de l'acte constitutionnel de l'an III) (1794).

« L'Institut est composé de 144 membres résidans à Paris, et d'un égal nombre d'associés répandus dans les différentes parties de la République; il s'associe des savans étrangers dont le nombre est de 24, huit pour chacune des trois classes. Organisation primitive de l'Institut. » (Loi du 3 brumaire an IV. — 25 octobre 1795.)

Le comité d'instruction me chargea de dresser cette liste que je lui soumis et qu'il adopta ; je fis, en son nom, le rapport suivant à la Convention :

Citoyens,

Vous voulez entourer votre Directoire exécutif de tous les élémens de la prospérité nationale : vous voulez qu'il trouve dès sa formation tout ce qui lui est nécessaire pour imprimer à la constitution un mouvement prompt et régulier. Il faut donc qu'il ait de suite sous sa main, une réunion de savans distingués auxquels il puisse renvoyer toutes les questions scientifiques sur le titre des monnoies, les poids et mesures, etc., et qui le débarrasse de tous les projets dont le charlatanisme et la cupidité ne manqueront pas de l'assaillir à son berceau. Votre comité a donc pensé qu'il était expédient de former sans retard l'Institut national dont vous avez décrété l'établissement dans la séance du 28 de ce mois. Je suis chargé de vous présenter la liste des membres qui formeront le tiers-électeur.

Nous croyons que l'Europe savante, chargée d'exprimer son vœu à cet égard, vous auroit présenté les hommes dont nous vous soumettons la liste, et en vous invitant à la renvoyer au Directoire pour l'adopter ou la modifier; cette attribution ne peut que contribuer à lui concilier la considération publique. — Décrété.

CLASSE.	SECTIONS.
IIIe. LITTÉRATURE et BEAUX-ARTS.	1° Grammaire...... *Domergue, Wailly.* 2° Langues anciennes...*Larcher, Bitobée.* 3° Poésie............*Delille, Le Brun.* 4° Antiquités et Monu- mens..........*Le Blond, Mongés.* 5° Peinture..........*Vincent, Renaud.* 6° Sculpture..........*Pajou, Houdon.* 7° Architecture......*Boulée, Goudouin.* 8° Musique............*Grétry, Molé.*

Le Directoire exécutif convoqua le tiers-électeur qui entra en fonctions.

Je reçus, peu après, la lettre suivante de M. l'abbé Sicard, un des membres du tiers-électeur; on n'ignore pas combien nos opinions différoient sur la révolution. M. Sicard, après quelques détails relatifs à l'élection de la Réveillère-Lepaux, président du Directoire, avec qui je fus ballotté, au 3e tour de scrutin, et qui ne l'emporta, sur moi, que de deux voix, poursuit :

« Ce rival est le seul qui vous ait disputé la
« palme : vous l'auriez emporté sur tous les au-
« tres : maintenant qu'il est nommé vous le serez
« aussi au premier jour. Ceux qui vous l'ont pré-
« féré reviendront à vous, que toutes les voix

« auroient dû porter. On se rappellera sans doute,
« et je le rappellerai à ceux qui pourroient l'avoir
« oublié, tout ce que vous doivent les sciences,
« les lettres et les arts, et ceux qui les cultivent.
« Le véritable fondateur de l'école normale; l'a-
« mi, le consolateur des gens de lettres, ne sera
« pas comme celui de qui a été dit dans le temps,
« cette vérité si cruelle pour ceux qu'elle accusa,

Rien ne manque à sa gloire, il manquoit à la nôtre.

« Encore deux ou trois jours, et un de mes
« plus chers amis sera mon précieux confrère,
« etc. »

Le directeur général de l'instruction publique
m'écrivit la lettre suivante :

Paris, le 29 brumaire, l'an IV de la R. F.

*Le directeur général de l'instruction publique au représentant
du peuple Lakanal, membre du Conseil des Cinq-Cents.*

CITOYEN REPRÉSENTANT,

La loi du 3 brumaire, article 9, charge le Directoire exécutif de nommer, pour la formation de l'Institut national,
quarante-huit membres, qui doivent élire les quatre-vingt-
seize autres. Vous aviez dressé la liste de ces quarante-huit
membres, que vous aviez présentée au comité d'instruction

publique qui l'avait approuvée; et vous deviez la proposer en son nom à la Convention nationale. Je vous prie de vouloir bien me transmettre, le plus tôt possible, cette liste, qui devient très-nécessaire pour une question aussi importante.

Salut et fraternité,

GINGUENÉ.

Il y eut du retard dans la transmission de cette lettre.

Quelques jours après, je reçus la lettre suivante du ministre de l'intérieur :

Paris, 26 frimaire an IV de la R. F.

Le ministre de l'intérieur au citoyen Lakanal, membre de l'Institut national.

C'est avec bien de la satisfaction, citoyen, que je vous fais part de votre nomination à l'Institut national, dans la seconde classe. Ce choix honore autant les électeurs que l'élu. L'Institut national tiendra sa première séance *primidi* prochain; vous voudrez bien vous y rendre.

Salut et fraternité,

BENEZECH.

Mort préfet colonial à Saint-Domingue

P. S. Cette séance est indiquée pour cinq heures, dans la salle de la ci-devant Académie des sciences, au Muséum des arts.

L'inauguration solennelle de l'Institut fut faite le jour indiqué dans la lettre ministérielle.

Dans cette séance, l'astronome Lalande prononça un discours dans lequel on lit l'article suivant :

« Mais le voile de l'erreur est levé ; notre as-
« semblée en est la preuve : le représentant La-
« kanal n'a cessé d'y travailler depuis 1792. Et
« je dois être ici l'interprète de la reconnaissance
« des savans, parce que j'ai été témoin de son
« zèle et de ses efforts pour parvenir à ce but,
« *que sembloient négliger les savans mêmes, af-*
« *faissés, découragés par la persécution et la*
« *terreur.* »

La classe des sciences morales et politiques s'assembla ; Sieyès fut nommé président, je fus nommé secrétaire.

La Convention nationale avait rendu le décret suivant :

Les règlemens relatifs à la tenue des séances et aux travaux de l'Institut, seront rédigés par l'Institut lui-même, et présentés au Corps législatif qui les examinera dans la forme ordinaire de toutes les propositions qui doivent être transformées en lois (art. XII, loi du 3 brumaire an IV. — 25 octobre 1795).

Le comité d'instruction, à qui ce règlement fut renvoyé, nomma une commission pour l'examiner et en faire le rapport à la Convention.

Cette commission étoit composée de Sieyès, Quinette et Lakanal.

Le règlement fut discuté, adopté, et je fus chargé d'en provoquer l'adoption par la Convention nationale.

RAPPORT

ET PROJET DE RÈGLEMENT DE L'INSTITUT NATIONAL,

Présenté au nom de la Commission par Lakanal.

Séance du 21 *pluviôse* an IV.

REPRÉSENTANS DU PEUPLE ,

La loi qui organise l'Institut national des sciences et des arts, veut que les règlemens relatifs à la tenue de ses séances et à la direction de ses travaux, soient rédigés par l'Institut lui-même, et soumis au Corps législatif, pour être examinés dans la forme ordinaire de toutes les propositions qui doivent être transformées en lois.

L'Institut national s'est empressé d'obéir à la voix du législateur ; il est venu vous présenter ses règlemens , et a voué devant vous au despotisme , la haine que lui portent tous ceux qui honorent les sciences par leurs travaux. Les sciences , en effet, font haïr l'esclavage, puisqu'il dégrade. Eh ! quelle autorité pourroit se soutenir devant elles, si elle ne s'appuie sur la raison ? Un imposteur adroit obtient avec facilité les adorations d'un peuple ignorant ; mais il ne trouvera que le mépris chez une nation éclairée.

La commission à laquelle vous avez renvoyé ces règlemens, les a examinés avec soin, les a jugés dignes de son approbation, et m'a chargé de les soumettre à la vôtre.

Ici se présentent deux observations importantes à faire.

D'abord, l'intention des législateurs, en assujettissant l'Institut national à leur présenter ses règlemens, n'a pas été sans doute de descendre dans la connoissance de tous les détails du régime intérieur de cet établissement; eh ! que leur importent, en effet, ces détails, pourvu qu'il marche avec rapidité au but que la loi lui indique , le perfectionnement des sciences et la confection des travaux que le gouvernement lui renvoie et qui sont liés à la prospérité publique ? L'intention des législateurs a été visiblement de s'assurer que l'Institut n'adopteroit, dans son organisation interne et en quelque sorte domestique, aucune de ces formes ministérielles qui dans les anciennes Académies, avilissoient les savans et dégradoient les sciences. Or, il est superflu de démontrer que l'Institut s'est invariablement attaché dans son travail aux principes de l'égalité républicaine.

Une seconde observation nécessaire, c'est que l'Institut est placé, par la loi, sous les yeux du Directoire exécutif, qui lui renvoie tous les travaux scientifiques qui intéressent la République. Un grand nombre d'envois de ce genre sont déjà faits, et cependant l'Institut ne peut s'en occuper d'une manière active et régulière, que lorsqu'il sera définitivement organisé par la loi réglementaire qu'il sollicite de votre amour pour le bien public et pour les sciences.

Une attention légère suffit pour saisir l'esprit qui a animé les rédacteurs du règlement. Deux titres seulement nous ont paru devoir être développés avec quelque étendue.

Le premier concerne les fonctionnaires de l'établissement.

L'usage reçu dans les sociétés savantes, a toujours été jusqu'ici de perpétuer ou de maintenir à long terme ces fonctionnaires dans l'exercice de leurs fonctions. L'expérience a démontré que des agens inamovibles dans le sein de ces sociétés, usurpoient bientôt et concentroient en eux seuls l'influence de la compagnie sur l'opinion publique ; les travaux de leurs confrères étoient autant de trophées élevés à leur renommée, et leurs efforts généreux pour la gloire des arts ne servoient guère qu'à donner un nouvel éclat à des réputations usurpées. Ces hommes privilégiés étoient les tuteurs des sciences ; il est temps qu'elles soient vengées de ces sanglans outrages. Le président de l'Institut national sera renouvelé tous les six mois, et les secrétaires tous les ans. Le bien du service exige qu'ils restent en place une année entière, pour donner plus d'ensemble et d'uniformité, pour homogénéiser en quelque sorte le compte annuel que l'Institut doit rendre de ses travaux au Corps législatif, conformément à la loi.

Nous passons au titre des élections.

Le mode proposé par l'Institut est puisé dans un excellent mémoire de *Borda*, de la ci-devant Académie des sciences.

Une liste préparée au scrutin en la forme accoutumée, est présentée aux électeurs ; chacun d'eux écrit sur un billet les noms des candidats portés sur la liste, suivant l'ordre du mérite qu'il leur attribue, en écrivant 1° vis-à-vis du dernier nom, 2° vis-à-vis du pénultième, 3° vis-à-vis du nom immédiatement supérieur, ainsi de suite jusqu'au premier nom. Cette opération faite d'a-

bord dans les classes pour la liste de présentation, est renouvelée dans l'Institut national pour
la nomination définitive.

Ce mode d'élection est très-ingénieux; il offre,
si l'on peut le dire, une sorte de jauge morale,
à l'aide de laquelle les votans peuvent évaluer et
exprimer les divers degrés de mérite qu'ils attri-
buent aux candidats qu'ils présentent; graduation
que les électeurs pourroient bien exprimer sur
leurs bulletins par la position des noms des éligi-
bles, mais qui disparoît dans le recensement général des votes.

Votre commission pense qu'en donnant à l'Institut national les règlemens qu'il vous présente,
il remplira les vues salutaires des législateurs qui
l'ont fondé; elle ne se dissimule pas cependant
que c'est une prévoyance bien trompeuse que
celle qui juge de ce qui sera par ce qui doit être,
et il y a bien loin dans les actions des hommes du
parti le plus sage au plus vraisemblable.

PROJET DE RÈGLEMENT.

SÉANCES.

Art. 1er. Chaque classe de l'Institut s'assemblera
deux fois par décade; la première classe, les pri-

midi et sextidi ; la seconde classe, les duodi et septidi ; et la troisième classe , les tridi et octidi.

2. Le bureau de chaque classe sera formé d'un président et de deux secrétaires.

3. Le président sera élu par chaque classe, pour six mois, au scrutin et à la pluralité absolue, dans les premières séances de vendémiaire et de germinal; il ne pourra être réélu qu'après six mois d'intervalle.

4. Le président sera remplacé, dans son absence, par le membre présent sorti le plus nouvellement de la présidence.

5. Dans sa première séance de chaque semestre, chacune des classes procédera à l'élection d'un secrétaire, de la même manière que pour l'élection du président. Chaque secrétaire restera en fonction pendant un an, et ne pourra être réélu qu'une fois. La première fois on nommera deux secrétaires, et l'un d'eux sortira six mois après par la voie du sort.

6. L'Institut s'assemblera le quintidi de la première décade de chaque mois, pour s'occuper de ses affaires générales, prendre connoissance des travaux des classes, et procéder aux élections.

7. Il sera présidé alternativement par l'un des trois présidens des classes et suivant leur ordre numérique. Le sort déterminera celui qui présidera dans la première séance.

8. Le bureau de la classe du président sera celui de l'Institut, pendant la séance et durant le mois qui la suit; il sera chargé, dans cet intervalle, de la correspondance et des affaires de l'Institut.

9. Les quatre séances publiques de l'Institut auront-lieu les 15 vendémiaire, nivôse, germinal et messidor.

ÉLECTIONS.

10. Quand une place sera vacante dans une classe, un mois après la notification de cette vacance, la classe délibérera par la voie du scrutin, s'il y a lieu ou non de procéder à la remplir. Si la classe est d'avis qu'il n'y a point lieu d'y procéder, elle délibérera de nouveau sur cet objet trois mois après, et ainsi de suite.

11. Lorsqu'il sera arrêté qu'il y a lieu de procéder à l'élection, la section dans laquelle la place sera vacante, présentera à la classe une liste de cinq candidats au moins.

12. S'il s'agit d'un associé étranger, la liste sera présentée par une commission formée d'un membre de chaque section de la classe, élu par cette section.

13. Si deux membres de la classe demandent qu'un ou plusieurs autres candidats soient portés

sur la liste, la classe délibérera par la voie du scrutin et séparément sur chacun de ces candidats.

14. La liste étant ainsi formée et présentée à la classe, si les deux tiers des membres sont présens, chacun d'eux écrira sur un billet les noms des candidats portés sur la liste, suivant l'ordre du mérite qu'il leur attribue, en écrivant 1° vis-à-vis du dernier nom, 2° vis-à-vis de l'avant-dernier nom, 3' vis-à-vis du nom immédiatement supérieur, et ainsi du reste, jusqu'au premier nom.

15. Le président fera à haute voix le dépouillement du scrutin, et les deux secrétaires écriront au-dessous des noms de chaque candidat les nombres qui leur correspondent dans chaque billet; ils feront ensuite les sommes de tous ces nombres, et les trois noms auxquels répondront les trois plus grandes sommes, formeront dans le même ordre la liste de présentation à l'Institut.

16. S'il arrive qu'une ou plusieurs autres sommes soient égales à la plus petite de ces trois sommes, les noms correspondans seront portés sur la liste de présentation, dans laquelle on tiendra note de l'égalité des sommes.

17. Si les deux tiers des membres ne sont pas présens à la séance, la formation de la liste de présentation à l'Institut sera renvoyée à la

plus prochaine séance qui réunira les deux tiers des membres.

18. La liste formée par la classe sera présentée à l'Institut dans la séance suivante. Un mois après cette présentation, si les deux tiers des membres de l'Institut sont présens à la séance, on procédera à l'élection ; autrement, l'élection sera renvoyée à la plus prochaine séance qui réunira la majorité des membres.

19. L'élection aura lieu entre les candidats portés sur la liste de présentation de la classe, suivant le mode prescrit par la formation de cette liste. Le candidat au nom duquel répondra la plus grande somme, sera proclamé par le président, qui lui donnera avis de sa nomination.

20. Dans le cas de l'égalité des sommes les plus grandes, on procédera un mois après, et suivant le mode précédent, à un nouveau scrutin entre les seuls candidats aux noms desquels ces sommes répondent.

21. Si plusieurs candidats sont élus dans la même séance, l'âge déterminera leur rang d'ancienneté dans la liste des membres de l'Institut.

22. Les citoyens qui, par la loi du 3 brumaire sur l'organisation de l'instruction publique, doivent être choisis par l'Institut pour voyager et faire des recherches sur l'agriculture, seront élus au scrutin, d'après une liste au moins triple du

nombre des places à remplir. Cette liste sera présentée à l'Institut par une commission formée d'un membre de chaque section des deux premières classes, élu par cette section..

23. Les candidats aux noms desquels répondront, dans le dépouillement du scrutin, les plus grandes sommes prises en nombre égal à celui des places à remplir, seront élus ; et dans le cas d'égalité de suffrages, les plus âgés auront la préférence.

PUBLICATION DES TRAVAUX DE L'INSTITUT.

24. Chaque classe publiera séparément les mémoires de ses membres et de ses associés; la première, sous le titre de *Mémoires de l'Institut national, sciences mathématiques et physiques;* la seconde , sous celui de *Mémoires de l'Institut national, sciences morales et politiques ;* et la troisième, sous le titre de *Mémoires de l'Institut national, littérature et beaux-arts.* Les classes publieront de plus les pièces qui auront remporté les prix, les mémoires des savans étrangers qui leur seront présentés, et la description des inventions nouvelles les plus utiles.

25. L'Institut national continuera la description des arts commencée par l'Académie des sciences, et l'extrait des manuscrits des bibliothèques

nationales, commencé par l'Académie des inscriptions et belles-lettres. Il sera chargé de toutes les
opérations relatives à la fixation de l'unité des
poids et mesures ; et lorsqu'elles seront termi-
nées, il sera dépositaire d'une mesure originale
de cette unité en platine.

26. Les associés correspondront avec la classe
à laquelle ils appartiennent. Ils lui enverront leurs
observations et leurs recherches, et lui feront part
de tout ce qu'ils connoîtront de nouveau dans les
sciences et les arts. Lorsqu'ils viendront à Paris,
ils auront droit d'assister aux séances de l'Institut
et de ses classes, et de participer à leurs travaux,
mais sans y avoir ni voix élective, ni fonctions
relatives au régime intérieur. Ils ne cesseront
d'être associés qu'après un an de domicile à Paris,
et dans ce cas on procédera à leur remplace-
ment.

27. Les six membres de l'Institut qui, par la
loi du 3 brumaire sur l'organisation de l'instruction publique, doivent faire chaque année des
voyages utiles au progrès des arts et des sciences, seront choisis par tiers dans chacune des
classes.

PRIX.

28. L'Institut national proposera six prix tous

les ans; chaque classe indiquera les sujets de deux de ces prix qu'elle adjugera seule. Les prix seront distribués par l'Institut dans les séances publiques.

29. Lorsqu'il aura paru un ouvrage important dans les sciences, les lettres et les arts, l'Institut pourra proposer au Corps législatif de décerner à l'auteur une récompense nationale.

3o. Les trois sections réunies de peinture, de sculpture et d'architecture, choisiront au concours les artistes qui, conformément à la loi du 3 brumaire sur l'instruction publique, seront désignés par l'Institut pour être envoyés à Rome.

FONDS DE DÉPENSES DE L'INSTITUT.

31. Chaque classe nommera deux membres qui seront dépositaires de ces fonds, et chargés, de concert avec le bureau, d'en faire la distribution, de surveiller l'impression des mémoires et toutes les dépenses de la classe.

32. Ces membres seront renouvelés tous les ans, savoir : le plus ancien dans la première séance de chaque semestre. Ils seront élus au scrutin et à la pluralité absolue. La première fois, la classe en nommera deux, dont un sortira six mois après, par la voie du sort.

33. La commission formée des six membres dépositaires des fonds de chaque classe, sera dépositaire des fonds de l'Institut, et chargée d'en faire et d'en surveiller l'emploi ; elle en rendra compte tous les ans à l'Institut.

EMPLACEMENS ET BIBLIOTHÈQUES.

34. Les emplacemens nécessaires à l'Institut pour ses séances et celles de ses classes, pour ses collections et ses bibliothèques, sont fixés conformément au plan annexé à ce règlement.

35. Ils sont exclusivement destinés à l'Institut, et aucun changement ne pourra y être fait que sur sa demande et avec l'approbation du Directoire exécutif.

36. Il sera attaché aux bibliothèques de l'Institut un bibliothécaire et deux sous-bibliothécaires.

37. Le bibliothécaire sera élu par l'Institut, au scrutin et à la pluralité absolue.

38. Les sous-bibliothécaires seront nommés par l'Institut, et choisis hors de son sein, sur la présentation du bibliothécaire.

39. Les bibliothèques seront sous la surveillance de la commission des six membres chargés des fonds et des dépenses de l'Institut.

COMPTE A RENDRE AU CORPS LÉGISLATIF.

40. Les secrétaires de chaque classe se réuniront pour rédiger le compte de ses travaux ; ils le présenteront, dans la première séance de fructidor, à la classe, qui, après l'avoir discuté, le présentera à l'Institut dans sa séance du même mois.

41. Le président de l'Institut écrira ensuite aux présidens des deux Conseils, pour demander l'admission de la commission chargée de rendre compte au Corps législatif des travaux de l'Institut. Cette commission sera composée des bureaux des trois classes.

42. L'Institut national est autorisé à faire tous les règlemens de détail relatifs à la tenue de ses séances générales et particulières, et à ses travaux, en se conformant aux dispositions du présent règlement.

Arrêté par la commission d'examen, le 17 pluviôse an IV.

Signé, SIEYES, QUINETTE, LAKANAL.

———

Durant sa longue session (trois ans), la Convention nationale avoit décrété, à diverses époques, que son comité d'instruction publique lui feroit des rapports *sur les écoles normales; sur les écoles primaires; sur les écoles centrales ; sur une école de langues orientales et diplomatiques; sur le jardin des plantes ; sur le lycée des arts de Paris; sur les honneurs à rendre à Jean-Jacques Rousseau ; sur les contrefacteurs d'ouvrages de sciences , de lettres et d'arts libéraux.* La Convention ouvrit un concours pour la composition *des livres élémentaires destinés aux écoles nationales,* et nomma une commission de savans et de gens de lettres pour l'examen des ouvrages qui seroient envoyés. C'est au nom de cette commission que je fis le rapport au Conseil des Cinq-Cents.

RAPPORT

SUR LES LIVRES ÉLÉMENTAIRES.

> *Magnum quidem est educandi incitamentum tollere liberos in spem alimentorum : majus tamen in spem libertatis.*
>
> C'est un grand attrait, pour souhaiter des enfans, que de savoir qu'après qu'ils seront élevés ils ne manqueront point des secours nécessaires à la vie; mais c'est un motif bien plus puissant, de savoir qu'ils vivront libres.
>
> *Panégyrique de* TRAJAN.

Séance du 14 *brumaire* AN IV.

CITOYENS COLLÈGUES ,

Le *jury* des livres élémentaires , et les membres de la Convention nationale chargés de l'importante mission de correspondre avec lui, peuvent enfin vous présenter le résultat de leur travail sur les ouvrages mis au concours ouvert par la loi du 9 pluviôse an II de la République.

Il a fallu au *jury*, pour justifier votre confiance, heureux présage de celle de la nation, surmonter plus d'un obstacle. La multitude des manuscrits et des livres imprimés qui lui ont été envoyés sur toutes les matières dont se compose l'enseignement public; l'étendue de quelques-uns de ces écrits, la nature de quelques autres nécessairement abstraits et compliqués : tout lui a fait la loi qu'un écrivain judicieux n'impose qu'aux auteurs , et que leurs juges doivent prendre aussi pour eux, *de se hâter lentement.*

Tandis que l'impatience des concurrens demandoit, non sans quelques murmures, ce que faisoit le *jury*, chacun de ses membres se condamnoit, dans la retraite, à lire et relire des plans déjà lus et relus par d'autres; à comparer ensemble les différens degrés de mérite des ouvrages jugés dignes d'estime; à peser les motifs d'exclusion; à dépister les plagiaires adroits; à remarquer les emprunteurs malhabiles; à suivre dans ses détours le charlatanisme tantôt modeste et même humble, tantôt payant d'audace; à se défendre de foiblesse en faveur des ouvrages recommandés par l'amitié ou l'engouement; à étudier de nouveau les anciens livres d'élémens qui ont obtenu le suffrage des nations savantes , et qui , comme ceux d'*Aristote,* d'*Hippocrate* et d'*Euclide,* sans cesse déguisés , falsifiés par les modernes , n'ont pu être encore égalés ni détruits.

Au sortir de leurs studieuses demeures , ils revenoient assidûment discuter leurs opinions en commun, se contredire réciproquement quand il le falloit, faire de bonne grâce le sacrifice de leur amour-propre à la vérité; la franchise , la concorde, la douce familiarité , fruit de l'intelligence des cœurs ,, ont toujours présidé à leurs pacifiques débats, et ils n'ont jamais oublié entre eux les antiques lois de l'urbanité française.

Pour imprimer à ses travaux un mouvement prompt et régulier, le *jury* les a distribués en différentes classes que nous allons parcourir successivement dans leur ordre naturel; les ouvrages qu'elles embrassent sont fort nombreux : nous ne parlerons que de ceux que le *jury* a regardés comme bons, et par ce mot nous entendons ceux qui réunissent la solidité des principes, la justesse des observations, la clarté ainsi que la pureté du style, et le mérite d'être à la portée de tous les lecteurs que ces ouvrages intéressent, et ils intéressent tous les pères, toutes les mères , et le monde d'auxiliaires qu'ils s'associent.

I.

LA PREMIÈRE CLASSE comprend *les ouvrages concernant l'éducation physique et morale, et la conservation des enfans depuis leur naissance jusqu'à l'époque de leur entrée dans les écoles nationales.*

Dans cette matière, les livres élémentaires sont destinés à éclairer également les citoyens de toutes les professions. Ils doivent donc être à la portée de tous; ils doivent par conséquent, dans les principes, être intelligibles pour tous; dans les faits, conformes à l'observation de tous; dans les préceptes, praticables pour tous. Le style doit en être simple et pur; l'étendue, telle que l'ouvrage ne devienne ni confus par l'abondance des matières, ni insuffisant par leur disette; le choix, fait de manière que rien d'essentiel ne soit omis, que toute superfluité soit rejetée, et que tout ce qui est utile soit estimé suivant son degré d'importance.

On remarque plusieurs défauts communs à presque tous les ouvrages de ce genre, sans en excepter peut-être les plus universellement et les plus justement estimés. Un de ces défauts est de poser trop généralement les règles dans une matière dans laquelle il est aussi essentiel de faire sentir les exceptions que les règles mêmes, parce que les cas de ces exceptions sont très-fréquens.

Un autre défaut est l'*exagération* : d'une part, on déclame contre des pratiques vicieuses sans doute, mais auxquelles on attribue beaucoup plus d'inconvéniens qu'on ne leur en trouve réellement quand on veut observer sans préventions; d'un autre côté, on vante exclusivement quelques méthodes utiles, mais qu'il est dangereux d'estimer au delà de leur juste valeur : on n'apprécie pas assez, dans le succès qu'on leur attribue, quelle partie est due au simple éloignement des choses nuisibles et aux forces mêmes de la nature.

Enfin il est peu de traités où l'on n'ait sacrifié à des pratiques favorites la plus générale peut-être, et peut-être aussi la plus utile de toutes les règles, qui est de ne point faire contracter à l'enfance des habitudes et par conséquent des besoins qu'elle peut se trouver ensuite dans l'impossibilité de satisfaire.

En général, la science de l'éducation physique est beaucoup plus simple qu'on ne l'a faite, et les ouvrages qu'on a publiés sur cette matière présentent beaucoup moins de choses à ajouter qu'à retrancher.

Dans le grand nombre de mémoires qui ont

été présentés au concours sur cette importante matière, trois ont mérité plus particulièrement les suffrages du *jury*.

Le premier a pour titre : *Instruction sur la conservation des enfans, depuis la grossesse inclusivement, et sur leur éducation physique depuis la naissance jusqu'à l'époque de leur entrée dans les écoles nationales;*

et pour épigraphe :

La patrie a besoin d'enfans sains et robustes.

Cet ouvrage, fait par un homme de l'art, qui a cinq enfans, dont il a dirigé lui-même l'éducation physique, et qui tous ont été nourris par leur mère, a le très-grand mérite d'être appuyé sur une expérience éclairée par le savoir, d'unir la précision à la clarté, de présenter dans un espace resserré beaucoup de détails, et d'offrir des préceptes courts, simples, populaires, et dégagés de toute la métaphysique des discussions.

Mais l'auteur de cette estimable production n'a pas embrassé la totalité de son sujet. Il ne parle point des soins qu'on doit à la mère pendant l'allaitement, ni des précautions propres à le faire réussir quand il est difficile. Cet objet important n'est traité que dans un seul mémoire, qui, d'ailleurs, pour tout le reste, est médiocre. Il a pour épigraphe :

Sollicitude pour l'enfance ;

et est coté n° 4.

En conseillant l'usage des bains froids, il nous semble que l'auteur du mémoire numéro 1 auroit dû insister sur les cas où ils peuvent être funestes. Une prudente circonspection ne doit-elle pas en graduer la température? La tendre enfance doit-elle passer brusquement du liquide dans lequel elle est plongée dans l'amnios, et dont la température est de 30 degrés, à un bain refroidi par la rigueur des hivers? Quelques succès qu'on puisse citer en faveur de cette manière de tremper le corps de l'enfant qui vient de naître, ils ne compenseront pas les malheurs dont on ne parle point ; ils ne détruiront pas les lois les plus générales de la nature ; il ne nous feront pas attribuer à la hardiesse de l'art ce que l'on ne doit qu'au bienfait d'une constitution robuste; ils ne feront pas qu'une témérité quelquefois heureuse ne soit une témérité. Enfin il ne faut ni conseiller d'une manière trop générale, ni faire tourner en habitude des pratiques que bien des circonstances peuvent obliger d'interrompre ; et certainement l'usage journalier des bains, dans l'éducation des enfans, ne peut être conseillé parmi nous à cette nombreuse portion de citoyens qui remplissent la classe laborieuse et indigente.

Le second ouvrage est intitulé : *Instruction sur la conservation des enfans, depuis la grossesse inclusivement, et sur leur éducation physique.*

Il a pour épigraphe :

L'éducation de l'homme commence à sa naissance.

Ce mémoire, remarquable par une division de matières qui annonce un bon esprit, est écrit avec clarté et sagesse. Cependant il n'atteint pas le but du concours : plus fait pour plaire aux hommes instruits, que pour être lu avec fruit par des gens sans expérience, il est en grande partie plus théorique que pratique; plus recommandable par la bonté des principes que par la précision des préceptes nécessaires pour en faire l'application; en général il est peu propre à diriger les mères et le commun des hommes dans la pratique de l'éducation physique. Du reste, cet ouvrage renferme une foule de choses utiles et neuves, particulièrement sur la petite vérole et l'inoculation.

L'ouvrage n° 3 a pour titre : *Opinion sur la conservation des petits enfans, depuis la grossesse inclusivement, jusqu'à l'époque de leur entrée dans les écoles nationales;*

et pour devise :

> L'enfant, à son premier soupir, n'est qu'un être
> absolument passif.

Cet écrit présente avec clarté et avec force les principes fondamentaux d'une bonne éducation physique, mais il est insuffisant pour les détails. Il y a sans doute peu de choses nouvelles à dire sur un pareil sujet; mais bien dire et bien placer les choses communes, ne point surcharger les idées de mots, se faire lire avec plaisir et retenir avec facilité, est un grand point dans une production de cette espèce. L'auteur ne paroît pas avoir travaillé d'après les leçons de l'expérience. Son ouvrage est déparé par quelques erreurs. Il ne présente pas la solution de beaucoup de difficultés qu'offre l'éducation physique dans les différens états de la société, et c'est moins un traité qu'une excellente introduction à un traité.

Nous avons parlé de l'ouvrage coté n° 4. L'ouvrage n° 5 a pour épigraphe :

> La première éducation est celle qui importe le plus;
> et cette première éducation appartient incontesta-
> blement aux femmes.

Ce mémoire est très-détaillé, écrit avec simplicité, ordre et clarté; il eût obtenu une place plus
distinguée si les erreurs nombreuses qui le dépa-
rent ne le rendoient pas d'un usage dangereux
dans les écoles nationales.

Les mémoires dont nous venons de parler con-
tiennent à peu près tout ce qu'on peut attendre
du concours.

Le jury a pensé qu'en réunissant ces différens
ouvrages séparés, il étoit possible et même facile
d'en former un tout homogène et complet, et ce
soin doit naturellement être confié aux examinateurs eux-mêmes.

Le mémoire n° 1 servira d'introduction; le n° 2
formera le corps de l'ouvrage, auquel on ajou-
tera quelques passages de l'écrit qui a pour épigraphe :

Sollicitude pour l'enfance ;

et le n° 3 fournira un supplément excellent et des
notes très-instructives. On aura ainsi un très-bon
traité sur la partie la plus importante tout à la
fois et la plus difficile de l'éducation, traité qui
nous manque et qu'il est bien à craindre qu'un
seul homme ne nous donne pas de longtemps.

Nous observerons, en terminant ce que nous
avions à dire sur cette classe, qu'en ce genre

comme en beaucoup d'autres, l'illustre philosophe de Genève a fait de très-mauvais disciples. En matière d'éducation physique, *Rousseau* est, de tous les auteurs, celui qu'il est le plus utile de lire et le plus dangereux de copier.

II.

Les ouvrages destinés à diriger les instituteurs primaires dans leurs fonctions étoient la suite immédiate de ceux qui ont été réunis dans la première classe; ils font l'objet de la seconde; aussi quelques-uns des auteurs qui ont traité de l'éducation de la première enfance se sont-ils crus obligés d'étendre leurs vues jusqu'à l'éducation, soit physique, soit morale, de l'enfance, dans les écoles primaires, et de joindre à leur travail des conseils pour les instituteurs de cet âge.

Cependant une différence essentielle distingue ces ouvrages de tous ceux qui appartiennent à la première classe; ce n'est plus à tous les hommes que l'auteur doit s'adresser, mais à des hommes déjà éclairés sur leurs devoirs, instruits des principales parties qui doivent composer l'enseignement et l'éducation, et qu'il faut seulement éclairer sur la manière de former des citoyens bons et forts, que la patrie puisse s'applaudir un jour d'avoir pour défenseurs au dehors et pour conservateurs au dedans.

Ce n'est donc plus aux détails qu'il faut descendre, c'est aux principes qu'il faut s'arrêter. Ce n'est plus dans les détours de l'exécution qu'il faut conduire pas à pas le lecteur; il faut jalonner comme de loin sa route, l'avertir des écueils, et lui indiquer les moyens de ne pas s'égarer. Cette idée sur la manière dont doivent être composés les ouvrages de cette classe est également conforme aux besoins de l'âge qui doit fixer l'attention de l'instituteur.

Familiarisé avec les objets qui l'environnent, déjà l'homme sent, connoît et veut : il n'est plus nécessaire qu'on étudie ses besoins, il les exprime; ses pas ne sont plus chancelans, il marche, il court, il s'élance; déjà, et plus que jamais peut-être, il goûte le plaisir d'être libre : il faut l'instruire et le guider dans l'usage de cette liberté, et l'empêcher de la tourner contre lui-même et contre ses semblables; il faut ébaucher son bonheur , développer son intelligence , former son cœur, diriger ses forces, les modifier par l'adresse, lui préparer et les moyens d'exister et tous ceux d'embellir son existence , c'est-à-dire que l'éducation doit se partager en *éducation physique , morale et intellectuelle.*

Le traité destiné à ouvrir cette carrière, et dont

les ouvrages qui doivent remplir les ████ ████ sont comme les ████████. ████ ████ ████ simple et clair. ████ que ceux de la ████ classe ; mais il doit présenter plus d'████ ████ moins de détails. plus de ████ et ████ de préceptes : car il faut ████████ a l'████████ les finesses de l'exécution. et ████ ████ ████ de mouvement que ████████ et l'████ ████ caractères et l'observation des ████████ : si n'est pas en état de ████ aux ████. ████ s'éloigne d'un ████ trop ████████ ████ ses forces, et qu'il le ████ a de plus ████ ████ lui.

Le seul objet sur lequel il ████████ ici s'████████ ner à quelques détails. serait ████████ a gymnastique, et c'est justement la partie qui ████████ presque absolument dans tous les ████████ ████ nous avons pris ████████.

Ici les examinateurs ont partagé en trois sections les ouvrages qui leur ont été présentés.

La première comprend ceux ou l'on s'est occupé à développer *la théorie et les principes généraux d'une bonne éducation dans les écoles primaires;* c'étoit là véritablement l'objet du concours.

La seconde renferme *les méthodes particulières d'enseignement*, que chacun peut varier ou à son gré ou selon les différentes dispositions de ████

élèves, mais qui néanmoins doivent être fondées sur des principes uniformes.

La troisième est consacrée aux ouvrages dans lesquels on a cherché à développer *la théorie des livres élémentaires*, ce qui offre un plan vaste, difficile à remplir, et qui embrasse la totalité du concours.

Nous allons parcourir sommairement les ouvrages qui, dans cette classe, ont mérité l'attention du jury.

On en distingue trois dans la première section.

L'ouvrage n° 1 a pour titre : *Instruction aux instituteurs et aux institutrices, conformément au décret, etc.*

C'est le meilleur des mémoires consacrés au développement des principes généraux de l'éducation physique et morale. C'est un discours écrit avec rapidité et sans désordre, avec élévation sans enflure, avec précision sans sécheresse; mais ce n'est point un traité d'éducation.

Après avoir exposé l'objet des écoles primaires, l'auteur trace un tableau sommaire des devoirs des instituteurs destinés à ces écoles; il dirige leur attention sur deux points principaux : les mœurs ou la formation du cœur, l'instruction ou la formation de l'esprit; il commence par les mœurs.

Pour préparer l'enfant à l'exercice des vertus,

il cherche à jeter dans son cœur les germes du civisme, qui consiste principalement dans le sacrifice de l'intérêt particulier à l'intérêt général ; et de là naît l'idée et le développement du véritable courage : il lui fait chérir les vertus domestiques, qui sont la source du bonheur des familles ; il veut que l'exemple des instituteurs en soit la première leçon ; il désire que les représentations des traits les plus caractéristiques de ces vertus servent d'ornement aux salles dans lesquelles s'assemblent les enfans ; enfin, il fait concevoir à l'élève une idée juste de la divinité qui cimente et les vertus privées et les vertus publiques. C'est ainsi qu'il complète le tableau de ce qui doit rendre l'homme bon.

Venant ensuite à l'instruction proprement dite, ou à la formation de l'esprit, il fait sentir l'importance de la mesurer aux forces et aux facultés de l'âge auquel elle est destinée ; il insiste sur l'ordre, la succession et la variété qu'il est important de mettre dans les premières leçons élémentaires, il démontre toute l'utilité de la méthode et de l'ordre dans cette partie de l'instruction nationale.

Ce que le cœur sent, ce que l'habitude nécessite, il faut que l'esprit le conçoive. Non content d'avoir inspiré l'amour des vertus à ses élèves, l'auteur du mémoire veut les leur faire connoître dans l'instruction *morale et politique*, dont le but est, en convaincant l'esprit, de fortifier les vertus qui ont germé dans le cœur. Cette instruction consiste dans l'étude des droits et des devoirs de l'homme et du citoyen, dans le discernement de la vraie liberté et de la véritable égalité, dans la connoissance et l'amour des lois.

A notre avis, il manqueroit peu de choses à ce petit ouvrage, si l'on y trouvoit des principes sur les exercices du corps ou la gymnastique des enfans, si nécessaire au développement de leurs forces et à la conservation de leur santé.

L'ouvrage nº 2 a pour titre : *Réflexions sur l'éducation*, par un professeur de mathématiques du collége national de Tours.

Cet ouvrage, sagement écrit, présente un ensemble moins complet que le précédent : ses parties, inégalement développées, ne le sont pas dans la proportion de leur importance; on désireroit plus de méthode dans cet écrit estimable, et un plan plus également rempli. Ce que dit l'auteur des langues anciennes excède la mesure des écoles primaires, principal objet du concours.

Malgré de nombreux défauts, nous ne devons pas passer sous silence l'ouvrage intitulé : *Instruction pour les instituteurs nationaux sur l'éducation physique et morale des enfans.*

Cet écrit renferme des ...... et
un bon système pour l'enseignement de la morale : mais il ... écrit avec ... ...
que de ..... : le style et ... ... é-
tre affecté. même en ... d'...

La seconde section ... nous ... ... un ouvrage digne de fixer votre attention. il a pour
titre : *Nouvelle méthode d'enseignement avec plusieurs applications à diverses sciences.* Cet ouvrage d'un homme d'esprit.

Rapporter toutes les ... de l'... .
des formes sensibles. frapper les yeux ... ...
les faire toucher. goûter. voir. ... et sentir. et de leur mettre entre les mains ... ...
en un mot. créer l'entendement par les sens.
rectifier les sens les uns par les autres. ...
éclore la morale de la sensibilité. ... ...
dement de la sensation. ... mettre ... ...
dans la situation la plus favorable. ... ...
penser. telle est la méthode à laquelle l'auteur
s'est attaché.

Nous recueillerons ... ...
importante qu'il ... ... à ... que ...
de personnes sentiment; ... ...
de *Jean-Jacques Rousseau*. que ... l'auteur ...
voulu copier. tandis qu'il ... ... que l'étudier
et l'entendre. « ..... dit-il ... l'homme ... la
« nature et sur l'homme de la ... . » ...

son : pour nous, nous devons former l'homme pour la société, après l'avoir reçu des mains de la nature.

Dans la troisième section, le jury n'a distingué que l'ouvrage intitulé : *Essai didactique sur les livres élémentaires qui doivent servir à l'instruction publique.* Le plan de l'auteur est vaste; mais il a manqué souvent des forces nécessaires pour le remplir, et la précipitation du zèle qui se hâte de répondre à l'appel de la patrie, a nui quelquefois à la maturité de la réflexion dans une matière qui exige, plus que toute autre, des connoissances nombreuses et exactes, réunies aux épreuves de l'expérience et au calme de la méditation.

Il résulte de l'examen fait par le jury que dans cette classe aucun des concurrens n'a atteint d'une manière précise le but du concours : plusieurs ont dirigé leurs pensées d'une manière spéciale vers tel ou tel culte, contre telle ou telle croyance; ils ont oublié que le fanatisme n'est pas l'apanage exclusif des idées religieuses. Tout ce qui prend la force de l'opinion des hommes, *religion*, *philosophie*, *politique*, ne le savons-nous pas aujourd'hui? est sujet à devenir le prétexte de l'intolérance, le germe du fanatisme, l'instrument de la persécution. La première des vérités qu'il faut apprendre à la génération actuelle,

de préjugés ces premières connoissances, données par un maître vulgaire, ne peuvent-elles pas devenir la cause éloignée! Et lorsque les erreurs des hommes ne sont pas des erreurs de physique, ne sont-elles pas toujours des erreurs de langage? Un livre vraiment élémentaire dans ce genre seroit donc, après de sages institutions de morale, un des plus dignes de fixer l'attention du législateur philosophe.

Plusieurs savans du premier ordre, les penseurs les plus exercés, ont souvent entrepris cette tâche pénible; mais des grammaires à l'usage des penseurs ne pouvoient être propres aux écoles primaires. *Locke* et *Condillac* n'ont travaillé que pour les maîtres; leurs écrits sont moins des leçons que des conseils, et l'élève qui leur prête une oreille attentive doit déjà presque tout à ses études et à la nature.

Le docteur *Louth*, et le célèbre *Horntoock*, avoient enrichi les fastes de la philosophie de deux ouvrages vraiment admirables, mais qui, traduits en notre langue et appropriés à son génie, ne pouvoient point être à l'usage de l'enfance.

A la tête de tous les ouvrages de cette classe envoyés au concours, le jury a mis les élémens de grammaire de *Lhomont*, ouvrage qu'il a jugé singulièrement propre aux écoles primaires.

cer librement en présence d'une nombreuse assemblée.

Un autre avantage précieux attaché à cette ingénieuse méthode, c'est qu'un seul instituteur, qui ne pourroit suffire à examiner successivement un petit nombre d'élèves, peut, en frappant simultanément la vue de tous, en instruire un grand nombre avec autant de facilité qu'un seul.

Le jury a accueilli avec distinction un ouvrage intitulé : *Grammaire raisonnée, à l'usage d'une jeune personne.*

Cet écrit est surtout remarquable par la clarté des définitions, la distribution des matières, la simplicité des notions présentées à l'enfance, la correction du style. Le plan de l'auteur est neuf et tout entier à lui. Un fragment d'un discours sur la liberté et l'égalité, où respire la plus pure morale, où la métaphysique est fine sans subtilité, et claire quoique profonde, termine cette estimable production, fruit des loisirs littéraires du citoyen *Pankouke.*

L'ouvrage que le jury a ensuite distingué est intitulé : *Notions élémentaires sur la Grammaire française*, par un prisonnier français sur les bords du Danube.

L'auteur est pénétré des principes de *Condillac;* ses exemples sont choisis avec goût, et n'ont point la trivialité que l'on peut quelquefois re-

mentaire l'ouvrage intitulé : *Abécédaire*, par le citoyen *Manuel*. C'est un recueil très-agréable d'articles détaillés sur les animaux domestiques, dont l'auteur se flatte d'aider l'attention de ses disciples par l'attrait de la curiosité. On diroit que ce livre a été écrit par *Pluche* : c'est la même grâce, la même naïveté, la même diffusion, le même enfantillage.

Les autres mémoires auxquels le jury des livres élémentaires donne quelques éloges sont :

La *Logographie linéaire*, par le citoyen *Macquin*, ouvrage écrit avec pureté. Le but de l'auteur est de fixer la prononciation, au moyen de certains signes linéaires de son invention.

L'écrit intitulé : *Moyens de faciliter la lecture, et de rendre uniformes la prononciation et l'orthographe* mérite quelques éloges, que le jury lui eût accordés plus volontiers, si l'auteur se fût moins livré à la manie de tout détruire sans rien édifier.

La *Tachygraphie française*, par le citoyen *Borel* : bon ouvrage, auquel cependant on doit préférer la *Tachygraphie de Taylor*.

Le *Nouveau Système de lecture*, par *J. B. Mandru* : ouvrage estimable, quoique négligé.

L'ouvrage n° 5 a pour titre : *Traité d'arithmétique*, par le citoyen *Simonin*.

C'est un traité d'arithmétique aussi complet qu'on puisse le désirer ; il l'est peut-être trop pour les enfans, mais il pourroit servir aux instituteurs. Il y a de l'ordre, de la clarté, et beaucoup d'exemples exposés d'une manière simple et nette : on peut le regarder, quant à l'arithmétique, comme un des meilleurs ouvrages soumis à l'examen du jury.

Nous n'avons fait mention que des ouvrages manuscrits. Dans le grand nombre de ceux qui ont été présentés imprimés, on doit mettre au premier rang les *Élémens de Géométrie*, par *Legendre*, dont la réputation n'est point contestée, même par l'envie. Sans doute l'ASSEMBLÉE NATIONALE se souviendra qu'une académie célèbre couronna les *Entretiens de Phocion*, qui avoient déjà plusieurs années de date et de succès.

VI.

Parmi les ouvrages de géographie qui forment la sixième classe, plusieurs méritent d'être distingués, et leurs auteurs sont dignes d'éloges et d'encouragemens. Mais le seul qui doive être publié, pour les vues utiles qu'il présente sur la manière d'enseigner, a pour titre : *Idées sur une nouvelle* manière d'enseigner la géographie dans les écoles primaires, par le citoyen Michel, principal du collége de Douai.

L'auteur de cet intéressant ouvrage établit pour principe, que l'instruction primaire doit être courte, simple, agréable et méthodique. Il propose, pour la géographie, la forme inductive qui donne d'abord des détails, et qui, des détails, nous élève aux principes et aux généralités.

Qu'on expose d'abord dans chaque école le plan de la commune où elle est située. il sera facile d'accoutumer les élèves à reconnaître sur ce plan la position des lieux qu'ils auront coutume de fréquenter.

On mettra ensuite sous leurs yeux une carte du canton dont la commune fait partie, puis une carte du département, ensuite une carte de la France; après quoi, on passera à celles de l'Europe et des autres parties du globe, et enfin à la mappemonde.

L'ouvrage n° 2 a pour titre : *Traité élémentaire de géographie astronomique, naturelle et politique,* avec cette épigraphe :

Qu'on instruise donc le peuple!

Dans ce traité on considère la géographie sous tous ses points de vue, et l'on en développe les élémens d'une manière qui ne peut convenir aux écoles primaires. La géographie astronomique est trop succincte et en même temps trop relevée pour les commençans. La géographie physique ou naturelle est un extrait de *Buffon* et de ses erreurs. La géographie politique présente des considérations très-intéressantes, mais trop métaphysiques, sur l'état social, les droits et les devoirs de l'homme, la liberté, l'égalité, la souveraineté, le gouvernement, les impôts, le commerce, les arts et les mœurs. Ces trois parties, qui comprennent les élémens de la géographie, font aussi la partie principale de cet ouvrage. L'auteur y a joint une description abrégée de la France, mais qui n'est qu'une nomenclature sèche et sans intérêt.

Cet ouvrage est en général bien écrit; il formeroit une bonne introduction à l'étude de la géographie pour les écoles centrales.

Le mémoire n° 3 est intitulé : *Notions élémentaires de géographie*, avec cette épigraphe :

La géographie est l'œil de l'histoire.

L'auteur se borne aux connoissances nécessaires pour l'usage des globes et des cartes; il expose tout ce qu'il est intéressant de connoître sur un globe artificiel; il en fait ensuite l'application aux cartes générales et particulières. Il s'attache à réduire toutes les mesures à celles que fournit la nouvelle division du cercle en 400 parties égales.

Cet ouvrage est simple, précis, méthodique; mais il ne contient qu'une partie des élémens de la géographie, et ne remplit ainsi l'objet du concours que d'une manière partielle.

L'ouvrage n° 4 a pour titre : *Dialogue sur la géographie de la France*; et pour épigraphe :

> L'homme libre peut-il connoître son pays sans l'aimer davantage?

L'auteur ne considère que la France dans cet écrit; il fait voyager son élève dans sa patrie, pour laquelle il lui inspire les plus tendres sentimens; il propose, pour fixer dans son esprit la connoissance des lieux, de lui faire crayonner des cartes de géographie où l'on aura ébauché les côtes, les rivières et les montagnes. Ce mémoire, écrit avec intérêt, n'est qu'un essai qui ne remplit que partiellement le but proposé par la Convention nationale.

VII.

En plaçant dans les écoles primaires l'étude des principaux phénomènes et des productions les plus usuelles de la nature, on a fait un pas bien important vers l'amélioration de l'instruction publique. Depuis longtemps les hommes éclairés gémissoient de voir les établissemens destinés à former la jeunesse française dirigés par une routine aveugle. On lui donnoit à peine quelques leçons de physique et de mathématiques, tandis que nous étions entourés de nations chez lesquelles le premier âge étoit familiarisé de bonne heure avec le spectacle imposant de la nature, et se préparoit ainsi à des observations et des résultats du plus grand intérêt pour la société.

Mais il falloit, pour remplir ces vues d'utilité publique, un ouvrage clair et méthodique, propre à guider les instituteurs, et suffisant pour l'instruction des élèves. Ce livre, plus difficile à rédiger qu'il ne le paroît d'abord, soit parce qu'il l'est toujours beaucoup de rédiger un livre vraiment élémentaire, soit parce que celui-ci exige une réunion de connaissances qu'on ne rencontre pas facilement, devroit comprendre, non-seulement des notions exactes de tous les êtres qui composent l'univers, la description de leurs organes, la détermination des caractères qui les différencient, mais encore l'ensemble des lois qui les régissent. Ce ne seroit point assez pour la perfection de cet ouvrage de réunir des connoissances aussi variées, il seroit encore important qu'elles fussent présentées dans l'ordre le plus propre à les graver dans l'esprit de la jeunesse, avec une précision qui ne rendît pas leur étude trop fatigante, avec une simplicité qui mît à la portée des esprits les plus ordinaires les principes et les observations d'où découlent les plus importantes vérités. Jusqu'à présent on ne connoit aucun ouvrage français qui porte ces caractères : on a quelques bons traités sur plusieurs classes d'histoire naturelle, mais aucun qui convienne à l'instruction de la jeunesse, et jamais cette science n'a été réduite en un cours élémentaire et complet.

Les élémens de physique sont assez multipliés ; mais les uns sont bien éloignés du courant des connoissances actuelles, les autres offrent trop de difficultés à un âge qui se rebute facilement, et la plupart manquent des qualités que l'on doit désirer dans ces sortes d'ouvrages.

Le concours ouvert par la Convention nationale n'a fourni qu'un bon livre en ce genre. Il a pour titre : *Élémens d'histoire naturelle*, par *Millin*.

Le plan et la rédaction de cet ouvrage annoncent que l'auteur a eu une juste idée de ce que doit être un livre élémentaire, également éloigné de la marche vague et incertaine de l'empirisme, si opposé au but de l'instruction, et des formes sèches et rebutantes qui en écartent le premier âge. Il a réussi à rendre l'instruction exacte et so-

lide; il s'est surtout appliqué à donner à son style
beaucoup de clarté et de précision.

Après avoir défini l'histoire naturelle, et donné
une idée de la méthode qui sert à différencier et
à classer les êtres, il examine ces êtres eux-
mêmes, qu'il divise en corps *célestes* et corps *terrestres*.

Il ne parle des premiers qu'en naturaliste,
laissant les détails plus circonstanciés à l'astronomie.

Il établit deux grandes divisions entre les corps
terrestres : celle des substances *inorganiques* ou
privées des organes nécessaires à la vie, et celle
des substances *organiques*, qui en sont pourvues.

Il range les substances inorganiques d'après la
méthode de *Daubenton* fondée sur les caractères
extérieurs les plus sensibles et les plus frappans.

Dans cette partie de son ouvrage, comme dans
toutes les autres, l'auteur s'attache à fixer avec
précision les caractères des classes et des ordres;
mais il se borne à ces grandes sous-divisions qui
lui paroissent avec raison suffisantes pour les
premiers degrés d'enseignement.

Cependant il s'écarte quelquefois de la règle
qu'il s'est prescrite, en faveur de quelques espèces
principales qui servent à des usages utiles : alors
il en donne une description succincte, et il indique la manière de les employer.

Il partage les substances organiques en deux divisions : celles *qui ne peuvent pas changer à place à volonté*, les végétaux : et celles *qui peuvent changer de place a volonté*, les animaux.

Les préliminaires de la division des végétaux offrent des élémens de botanique très-abrégés, mais suffisans pour les premieres notions convenables à l'enfance. L'auteur, sans priver la science des mots qui lui appartiennent, évite, autant qu'il lui est possible, les termes hérissés d'étymologies grecques, latines; et lorsqu'il emploie des mots consacrés par la langue particulière de la science, il les place de manière qu'ils s'expliquent par leur position.

Après avoir ainsi décrit les parties des végétaux, il examine leurs fonctions, leur organisation physique, les principes que la culture en sait extraire, et enfin leurs habitudes particulières. Il a adopté pour leur distribution la méthode de *Jussieu*, qui lui a paru la plus facile et la plus commode pour acquérir les premieres connaissances.

Il distribue les animaux en six classes, d'après la méthode de *Linné*; chacune de ses classes est précédée d'observations générales, semblables à celles qu'il a placées à la tête de la partie de son ouvrage où il traite des végétaux.

Les *mammifères*, qui forment la premiere classe

sont divisés *en cinq ordres*, d'après la forme des pieds. Les oiseaux sont distribués d'après la méthode de *Linné*, avec quelques légers changemens ; les amphibies *en deux ordres* : ceux à quatre pieds, et ceux qui en sont privés. Les poissons sont rangés d'après la position de leurs nageoires, selon la méthode de *Linné* rectifiée par *Daubenton*. L'auteur a adopté pour les insectes la méthode d'*Olivier*, et il a classé les vers d'après celle de *Bruguière*.

Ainsi, cet ouvrage renferme les principes vraiment élémentaires de toutes les parties de l'histoire naturelle, et le jury a pensé qu'il peut être admis avec avantage dans les écoles nationales.

VIII.

Le concours ouvert pour les élémens de la morale est celui de tous qui paroît avoir excité le plus d'émulation. Les ouvrages de cette classe ont été nombreux, et cet empressement ne doit pas surprendre : tous les esprits ont senti le besoin de recréer les mœurs en même temps que les lois, au moment où la République s'est élevée. Comme tous les hommes sont plus ou moins avertis, par le seul sentiment intérieur, des devoirs que prescrit la morale, un grand nombre a dû se croire plus propre dans ce genre que dans tout autre à raisonner avec facilité de ce qu'il pratiquoit naturellement.

Mais si le sentiment intérieur suffit pour guider sûrement ceux qui l'écoutent avec attention, l'art de le décomposer, de remonter à son principe et d'en tirer des conséquences, cet art, sans lequel on ne peut écrire de bons élémens de morale, n'appartient qu'à l'homme supérieur. C'est ici qu'il faut appeler à son secours cet instrument de l'analyse, qui, perfectionné dans ce siècle et appliqué par des mains habiles aux sciences naturelles, en étend de jour en jour toutes les bornes.

La science de la morale peut être soumise aux mêmes procédés; et c'est le moyen d'éviter les deux défauts ordinaires où tombent ceux qui la traitent, *les lieux communs et les idées bizarres.* Elle doit démontrer rigoureusement à la raison ce que devinent les cœurs bien faits, comme par instinct; c'est dans l'amour de soi bien dirigé, c'est dans le sentiment éclairé de la douleur et du plaisir qu'on trouvera ces premiers principes. On montrera facilement la dépendance de nos droits et de nos devoirs; on prouvera que les premiers s'affermissent ou se perdent à mesure que les derniers sont bien ou mal observés; l'intérêt attachera l'homme à la vertu: enfin le moraliste, non moins éloigné d'une fausse philosophie que d'une superstition aveugle, donnera un nouvel appui à la morale, déjà fondée sur les rapports des hommes entre eux, en l'attachant à l'idée d'une cause première d'où émanent l'ordre, la raison et la justice, et de qui elles reçoivent leur récompense.

Un ouvrage exécuté sur ce plan ne parleroit encore qu'à la raison formée : c'est à celle des enfans qu'il faut s'adresser dans les écoles primaires.

Un concours n'a été établi que pour les livres convenables à ces écoles. L'art de bien parler aux enfans est peut-être un des plus difficiles; de grands hommes l'ont quelquefois ignoré : ceux qui ont atteint les dernières bornes du champ de la science n'ont pas toujours le talent d'y introduire et d'y guider pas à pas l'élève sans expérience.

Il faut surtout un génie particulier pour écrire des traités de morale à l'usage de l'enfance; la simplicité des formes et la grâce naïve du style doivent s'y mêler à la justesse des idées; l'art de raisonner n'y doit jamais être séparé de celui d'intéresser l'imagination : un tel ouvrage doit être conçu par un logicien profond et exécuté par un homme sensible; on voudrait y trouver en quelque sorte l'esprit analytique de *Condillac* et l'âme de *Fénelon*.

Nous allons .... ouvrages de cette ..... qui ..... et les suffrages au jury

1° Le premier ..... titre : *Principes de* ..... *Chabaussier* ..... goût et d'esprit ..... colors ..... *Pièce*. ..... sont ..... Le jury ..... téressante production ..... des écoles primaires.

2° Les *Instructions* ..... républicaine ..... avec cette .....

....

sont écrites avec ..... essais qui se rapportent ..... cours; on y trouve de ..... dans le style : l'auteur ..... y a de meilleur .....

3° Le *Catéchisme* ..... *Lanneau*, renferme quelques ..... tes : il porte cependant ..... ferme et sûre : ..... tres concernant ..... priétés.

L'empressement avec lequel on a recherché dans leur nouveauté les *Épttres et Évangiles du républicain*, par *Henriquez*, ne permet pas de le passer sous silence; cet estimable auteur a donné une foule d'opuscules utiles à l'instruction publique.

On remarque dans quelques autres ouvrages adressés au jury, mais à un degré inférieur, des morceaux qui ne sont pas sans mérite; de ce nombre sont les *Principes de morale*, par le citoyen *Maublac*, professeur de philosophie; *l'Homme moral*, par le citoyen *Birol*; le *Vieillard de Vichi*.

Les amis des lettres et des mœurs attendent avec impatience les *Élémens de morale*, dont la composition a été confiée, par décret de la Convention, à l'illustre et sensible auteur de *Paul et Virginie*.

IX.

L'agriculture, les arts et le commerce sont les bases naturelles de la prospérité de la France; cependant ni l'économie rurale, ni les arts, ni le commerce ne sont entrés, jusqu'à présent, dans l'instruction publique.

La Convention nationale avoit senti qu'il étoit du devoir du gouvernement de rappeler l'opinion publique aux objets dont il est essentiel qu'elle

Le [illisible] [illisible]
[illisible] sur [illisible]
[illisible]
[illisible]

Le [illisible]
[illisible]
[illisible]
[illisible]
[illisible]
[illisible]
[illisible]
[illisible]
[illisible]
[illisible]
[illisible]
[illisible]
[illisible]
cultivateurs.

C'est dans cette [illisible] [illisible]
[illisible] [illisible]
mene les promeneurs [illisible] [illisible]
qui inspire à [illisible]
devenir cultivateur [illisible]
naturellement [illisible]
des campagnes [illisible]
plus [illisible]
exemple [illisible]
[illisible]

tous les détails de leur économie, en concluront que s'ils se sont déterminés à adopter une méthode de culture, c'est qu'il étoit de leur intérêt de l'adopter.

Mais cette classe de nouveaux cultivateurs, dont l'exemple peut être si précieux, connoît-elle les saines méthodes de l'agriculture? ceux même dont l'éducation a été soignée sont entièrement étrangers à la connoissance de l'économie rurale. Ils ont donc besoin d'être instruits.... Puiseront-ils cette instruction dans les campagnes qu'il s'agit de régénérer, et où ils ne pourroient recevoir des leçons que des préjugés et de la routine? Une théorie saine résultant d'une pratique reconnue doit les préparer à recevoir les leçons de l'expérience et de l'observation.

Un livre élémentaire rédigé dans ces vues est donc un des moyens que le législateur a dû employer pour accélérer les progrès de l'agriculture. Nous étions d'autant plus fondés à en faire usage, que ce système d'instruction a depuis longtemps un succès complet chez les nations voisines qui l'ont adopté. La Convention nationale a donc demandé un livre élémentaire pour l'agriculture. Qu'avoient à faire les concurrens pour remplir les vues de la Convention?

Ils devoient, ou réunir dans un ouvrage très-court les notions générales d'agriculture qui conviennent au premier degré d'instruction, ou présenter dans un ouvrage plus étendu , et destiné à un âge plus avancé, les principes généraux de la culture, et les principes particuliers pour chacune des productions qu'il est intéressant de cultiver.

Dans le premier cas, il falloit que l'ouvrage ne contînt que des définitions courtes et claires des objets que les enfans ont tant d'intérêt à connoître, et qui frappent continuellement leurs regards sans exciter leur attention.

Dans le second cas, le livre élémentaire tracé sur le plan le plus méthodique , entièrement fondé sur les faits, ne devoit en contenir que l'énoncé et les principes qui en résultent naturellement et sans effort, ainsi que les fleurs naissent de leur tige.

Les ouvrages présentés ne remplissent aucune de ces conditions, et il importe que quelque citoyen éclairé répare bientôt cette lacune dans le système de l'instruction publique.

Les élémens d'agriculture lus aux écoles normales par le citoyen *Dubois* paroissent fixer les suffrages de tous les connoisseurs éclairés et impartiaux. Nous regrettons que cet ouvrage n'ait pas été présenté au jury des livres élémentaires : nous ne doutons pas qu'il ne l'eût accueilli avec empressement.

X

La dixième et dernière classe, appelée convenablement *mélanges*, est celle qui réunit toutes les sortes d'ouvrages qui, n'appartenant en particulier à aucune des classes précédentes, ne laissent pas d'être de quelque utilité pour l'instruction publique. Un grand nombre d'ouvrages ont été placés dans cette classe; mais presque tous ont été rejetés.

La Gymnastique des enfans convalescens, infirmes, foibles et délicats, contient de bonnes vues; c'est dommage que ce traité soit écrit avec prétention; n'introduisons point ce style dans les écoles primaires.

Le Portefeuille des enfans a réuni tous les suffrages. Costumes, animaux, géographie, histoire, l'auteur donne habilement et avec ordre à ses tendres élèves des notions de tout ce qui intéresse dans la nature et les arts; ce sera l'*Encyclopédie de l'enfance*. Vous devez récompenser et soutenir tant de travail et de si fortes dépenses.

Il est un art trop négligé parmi nous, et dont le citoyen *Turquin* a présenté la théorie : c'est celui de la *natation*. Son ouvrage, adressé au jury des livres élémentaires, est écrit avec candeur. Cet estimable citoyen mérite d'être puissamment

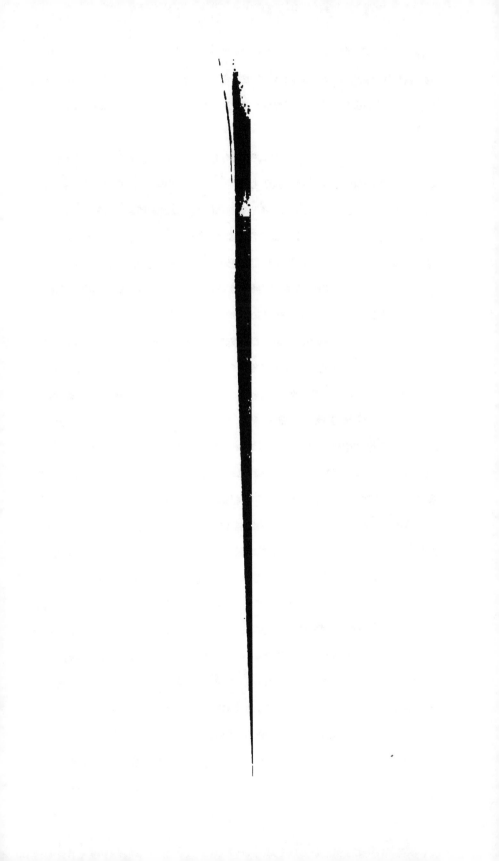

nime de la France et de ses législateurs d......
un nouveau systeme d'enseignement. pour répandre sur tout un peuple des lumières toutes nouvelles.

« Il y a longtemps que nous nous sentions pres-
sés de vous parler de cet obj... qui doit ... à ... bien
terminer la révolution dans la République française et en commencer une dans l'esprit humain.
et nous avons espéré qu'... faveur d'un intérêt si
grand vous nous permettriez de vous en entretenir avec quelque étendue.

On s'est étonné de ce que... depuis ... que
la révolution est commencée. elle n'ait rien fait
encore pour l'instruction. et même ... j'ai ...
souvent devant vous de ce long retard. comme
s'il avoit occasionné des pertes irréparables. et
comme s'il avoit été possible de donner plus tôt
à la France un bon systeme d'éducation.

De tels regrets annoncent que nous avons con-
sulté l'impatience de nos désirs plus que ... nature
des choses, et nos vœux plus que nos ...

Pour entreprendre avec raison d'établir un
plan d'instruction publique sur lequel l'esprit
humain puisse fonder des espérances qui soient
grandes et qui soient légitimes, plusieurs conditions sont nécessaires; il faut d'abord que les principes du gouvernement soient tels que . ... d'a-
voir rien à redouter des progrès de la raison,

ils y puisent toujours une nouvelle force et une nouvelle autorité. Il faut ensuite que l'expérience, soit celle du temps, soit celle des malheurs, ait consolidé ce gouvernement, bon par sa nature; qu'il soit plein de vie et de mouvement; mais qu'il ne soit plus tourmenté par des orages ; que la liberté n'ait plus aucune conquête à faire, et que le peuple tout entier ait senti que, pour repousser à jamais les attaques criminelles de l'aristocratie, il faut soumettre la démocratie à la raison. Il faut enfin que l'esprit humain ait fait assez de progrès pour être sûr de posséder les méthodes et les instrumens avec lesquels il est facile d'éclairer tous les esprits et de faire tous les progrès.

Jusqu'à cette époque, peut-être jusqu'au moment où je vous parle, aucune de ces conditions n'a existé.

De tout temps les philosophes qui ont eu quelque génie ont connu ou soupçonné la puissance d'une bonne éducation nationale; de tout temps ils ont deviné qu'elle pourroit améliorer toutes les facultés et changer en bien toutes les destinées de l'espèce humaine; et avec cette simplicité de caractère qu'on nourrit dans la retraite et dans les profondes méditations, les philosophes ont proposé quelquefois leurs vues sur ce sujet à des rois imposés par la force et n'ayant d'autre loi

que leur volonté. C'étoit leur proposer de mettre
à bas leur trône; mais sans beaucoup comprendre ce qu'on leur proposoit, ils le redoutoient
beaucoup. Ils sentoient confusément que si les
peuples apprenoient à penser, ils apprendroient
à être libres, et que les monarchies absolues,
fondées sur tant de prestiges, perdroient toutes
leurs bases, si les hommes perdoient leurs préjugés et leurs erreurs. Aussi ceux-là même qui
sur les trônes ont compté les plaisirs de l'esprit
parmi les jouissances dont ils se servoient pour
se consoler de l'ennui de leur puissance, se sont-
ils bien gardés d'établir dans leur empire ces
plans d'éducation propres à révéler aux peuples
et les secrets de leur raison, et les secrets de
leur grandeur.

D'Alembert a été auprès de *Frédéric*, et *Diderot*
a été auprès de *Catherine* : et la Russie est restée peuplée de barbares, et la Prusse est restée
peuplée d'esclaves.

En France, avant la révolution, *l'Émile* parut
un roman plus encore que *l'Héloïse* : et tandis que
nos livres semoient dans toute l'Europe le goût
de la bonne instruction et les sentimens généreux de la nature et de la liberté, l'intelligence
et l'âme naissante de nos enfans étoient comprimées et étouffées dans les sombres écoles de cette

6.

université ennemie des progrès de la civilisation
des peuples.

A la révolution de 89, amenée par les lumières
répandues sur une petite partie de la nation, l'es-
pérance la plus brillante, l'attente la plus univer-
selle étoient celles d'un nouveau plan d'éducation
qui mettroit la nation tout entière en état
d'exercer dignement cette souveraineté qui lui
étoit rendue. On étoit impatient de voir remplir
par des principes le vide immense que laissoient
dans les esprits tant de préjugés anéantis : mais
l'Assemblée constituante, enorgueillie tout à la fois
et fatiguée de toutes ces destructions, étoit ar-
rivée sans force et sans courage au moment des
grandes créations ; en rassemblant et en revisant
à la hâte les parties éparses de sa constitution,
elle les avoit comme flétries par les regards et
par la foiblesse de ses derniers momens; elle
avoit voulu concilier deux choses inconciliables
de leur nature, la royauté absolue et la liberté.
Elle ne pouvoit plus savoir quel génie il falloit
donner à la nation, puisqu'elle avoit uni deux
génies opposés et ennemis dans ses lois; et lorsqu'on vint proposer à sa tribune *un plan d'instruction publique* travaillé avec soin, elle en écouta
la lecture comme si elle n'eût été qu'une académie, et comme si l'ouvrage n'eût été qu'un dis-

cours philosophique; et ce qui, dans la régénération d'un peuple, est inconstestablement la partie la plus importante après que la souveraineté est reconnue, et les pouvoirs dans lesquels on en divise l'exercice déterminés et séparés, l'instruction publique fut renvoyée à l'Assemblée législative.

Ceux qui avoient quelque pénétration d'esprit et quelque étendue de jugement prévirent dès lors qu'une assemblée législative ne donneroit pas une nouvelle éducation nationale à la France; l'éducation, en effet, tient si essentiellement aux premières institutions sociales d'un peuple; la constitution doit être tellement faite pour l'éducation et l'éducation pour la constitution, que toutes les deux sont manquées si elles ne sont pas l'ouvrage des mêmes esprits, du même génie; si elles ne sont pas en quelque sorte des parties corrélatives d'une seule et même conception. L'Assemblée législative, qui n'étoit pas fâchée peut-être d'une mission qui la forçoit à se ressaisir d'une portion du pouvoir constituant, ordonna un grand travail. Il fut préparé sur des vues très-vastes. Un esprit véritablement philosophique coordonna toutes les connoissances humaines dans un plan d'enseignement public. Tous les foyers de toutes les lumières étoient tracés : mais à qui pouvoit-on confier le soin de faire jaillir la lumière de ces foyers? A un roi qui avoit le plus grand intérêt de l'étouffer, ou à des corps administratifs que ce roi avoit mille moyens de faire entrer dans ses intérêts. Ou l'instruction auroit renversé le trône, ou le trône auroit corrompu l'instruction. Ce fut un spectacle curieux et instructif, mais affligeant pour les observateurs, de voir alors l'Assemblée législative cherchant de toutes parts et des moyens d'écarter la puissance exécutive de la constitution, sans avoir l'air de la détruire, et des moyens de trouver un pouvoir exécutif de l'éducation plus digne de sa confiance, sans avoir l'air de le créer; le temps se consuma dans ces recherches, dont le but étoit très-louable, mais dont la finesse étoit peu digne de la majesté d'une représentation nationale. Les événemens, en quelque sorte, se soulevèrent contre ces limites constitutionnelles qui étoient des barrières élevées entre les lois du peuple français et ses pensées les plus sublimes, et ses plus hautes destinées ; le trône brisé fit jeter un cri de joie à la France et d'épouvante aux despotes de l'Europe; la *Convention nationale* parut, et le plan d'instruction de l'Assemblée législative, comme celui de l'Assemblée constituante, ne fut plus qu'une brochure.

Née du milieu de tant d'événemens qui ébranloient le monde, incessamment agitée par de nouveaux événemens qui naissoient dans son sein t hors de se[...] [...]

ace. la Conventio[...]

nas du [...] occu[...]

er la France e[...] soi[...]

elle a fait quelque[...]

[...]lique et les [...]

que le [...]

[...] ouver[...]

[...] de se[...]

pas au [...]

flots que l'arm[...]

l'ouvrage qu[...]

il atten[...] au moin[...]

dermers murmur[...]

de tant [...]

si nouvelles. [...]

vérités. comme[...]

des principes [...]

le plus mur. [...]

les disciples [...]

toient a chaque [...]

et qui, avec [...]

les idées, les le[...]

ner de l'ense[...]

organiser [...]

roient resse[...]

où des co[...]

lante sur la [...]

cabinet pour écrire la théorie des comètes. C'étoit une nécessité, c'étoit une sagesse d'attendre la fin de ce grand cours d'observations sociales que nos malheurs mêmes avoient ouvert devant nous. Le temps, qu'on a appelé *le grand maître de l'homme*, le temps, devenu si fécond en leçons plus terribles et mieux écoutées, devoit être en quelque sorte le professeur unique et universel de la République.

Tel a été l'état de la France; mais elle en sort... Les événemens qui ne s'arrêtent point se calment, et les idées qui deviennent moins mobiles deviennent aussi plus fécondes. Au dehors, nous n'avons plus qu'un cours régulier de victoires; au dedans, nous ne sommes plus agités que par le besoin de réparer les insultes faites à la justice, et de fermer les plaies faites à l'humanité. Toutes les crises ont rendu l'égalité des hommes plus parfaite, et tous les malheurs ont fait comprendre qu'il faut donner à la République une puissance exécutrice de ses lois, sous qui tout plie avec grandeur et se nivelle avec fraternité. L'égalité n'est plus seulement un principe, mais un sentiment; et le besoin de l'empire des lois n'est plus seulement une théorie, mais une passion, comme l'amour de la vie et l'horreur de la mort. L'Europe se soumet à la puissance de la République, la République se soumet à la puissance de la raison. C'est le moment où il faut préparer celui où la révolution s'arrêtera dans son accomplissement.... C'est le moment où il faut rassembler dans un plan d'instruction publique digne de vous, digne de la France et du genre humain, les lumières accumulées par les siècles qui nous ont précédés, et les germes des lumières que doivent acquérir les siècles qui nous suivront.

Vous n'avez plus à craindre de rendre immuables, par l'enseignement, les principes de l'ordre social que vous professez. Ce n'est pas une vaine idolâtrie, ce n'est pas un aveugle enthousiasme pour nos dogmes nouveaux qui nous persuade qu'ils sont les meilleurs, qu'ils sont les seuls bons; c'est une démonstration aussi rigoureuse que celle des sciences les plus exactes. Plus la raison humaine fera des progrès, plus cette démonstration deviendra évidente. Vous devez donc poser l'instruction sur cette base, elle est éternelle.... D'une autre part, l'esprit humain, tantôt si timide, tantôt si audacieux dans sa marche, et plus écarté encore des vrais sentiers par son audace que par sa timidité; l'esprit humain, conduit au hasard quand il se dirigeoit bien comme quand il erroit, a trouvé, après tant de siècles d'égarement, la route qu'il devoit suivre et la mesure des pas qu'il devoit faire.

Un nouveau jour s'est répandu sur les sciences

qui ont adopté cette méthode si sage et si féconde
en miracles : cette *analyse* qui compte tous les
pas qu'elle fait, mais qui n'en fait jamais un ni
en arrière ni à côté ; elle peut porter la même
simplicité de langage, la même clarté dans tous
les genres d'idées, car, dans tous les genres, la
formation de nos idées est la même, les objets
seuls diffèrent ; par cette méthode, qui seule
peut recréer l'entendement humain, les sciences
morales, si nécessaires aux peuples qui se gou-
vernent par leurs propres vertus, vont être soumises à des démonstrations aussi rigoureuses que
les sciences exactes et physiques ; par elle, on
répandra sur les principes de nos devoirs, une
lumière si vive, qu'elle ne pourra pas être obs-
curcie par le nuage même de nos passions ; par
elle enfin, lorsque dans un nouvel enseignement
public, elle deviendra l'organe universel de toutes
les connoissances humaines et le langage de tous
les professeurs, ces sciences qu'on appeloit *hautes*, parce que ceux même qui les enseignoient
étoient trop au-dessous d'elles, seront mises à la
portée de tous les hommes à qui la nature n'a
pas refusé une intelligence commune. Tandis que
la liberté politique et la liberté illimitée de l'industrie et du commerce détruiront les inégalités
monstrueuses des richesses, l'analyse, appliquée à
tous les genres d'idées dans toutes les écoles,

une chose, vous apprennent à bien raisonner sur toutes? Non. Ce nombre d'hommes, quelque petit qu'il paraisse, n'existe nulle part sur la terre. Il faut donc les former, et, par ce cercle vicieux et fatal dans lequel semblent toujours rouler les destinées humaines, il semble que pour les former il faudroit déjà les avoir.

C'est ici qu'il faut admirer le génie de la Convention nationale. La France n'avoit point encore les écoles où les enfans de six ans doivent apprendre à lire et à écrire, et vous avez décrété l'établissement des écoles normales, des écoles du degré le plus élevé de l'instruction publique.

L'ignorance a pu croire qu'intervertissant l'ordre essentiel et naturel des choses, vous avez commencé ce grand édifice par le faîte. Et je ne crains pas de le dire, c'est à cette idée qui paraît si extraordinaire, qui s'est présentée si tard, que vous serez redevables du seul moyen avec lequel vous pouviez organiser sur tous les points de la République des écoles où présidera partout également cet esprit de raison et de vérité dont vous voulez faire l'esprit universel de la France.

Qu'avez-vous voulu, en effet, en décrétant les écoles normales les premières? et que doivent être ces écoles? Vous avez voulu créer à l'avance, pour le vaste plan d'instruction publique qui est aujourd'hui dans vos desseins et dans vos résolutions, un très-grand nombre d'instituteurs capables d'être les exécuteurs d'un plan qui a pour but la régénération de l'entendement humain dans une république de 25 millions d'hommes que la démocratie rend tous égaux.

Dans ces écoles, ce n'est donc pas les sciences qu'on enseignera, mais l'art de les enseigner; au sortir de ces écoles, les disciples ne devront pas être seulement des hommes instruits, mais des hommes capables d'instruire. Pour la première fois sur la terre, la nature, la vérité, la raison et la philosophie vont donc aussi avoir un séminaire! pour la première fois les hommes les plus éminens en tout genre de science et de talens, les hommes qui jusqu'à présent n'ont été que les professeurs des nations et des siècles, les hommes de génie vont donc être les premiers maîtres d'école d'un peuple! Car vous ne ferez entrer dans les chaires de ces écoles que ces hommes qui y sont appelés par l'éclat non contesté de leur renommée dans l'Europe ; ici, ce ne sera pas le nombre qui servira, c'est la supériorité. Il vaut mieux qu'ils soient peu, mais qu'ils soient tous les élus de la science et de la raison. Tous doivent paraître dignes d'être les collègues des Lagrange, des Daubenton, des Bertholet, dont les noms se présentent tout de suite lorsqu'on pense à ces écoles où doivent être formés

les restaurateurs de l'esprit humain. Nous vous
proposons d'appeler de toutes les parties de la
République, autour de ces grands maîtres, des
citoyens désignés par les autorités constituées
comme ceux que leurs talens et leur civisme ont
le plus distingués. Déjà pleins d'amour pour la
science qu'ils posséderont ; enflammés d'une nouvelle ardeur par le choix honorable qu'on aura
fait d'eux ; ravis d'entendre parler de ce qu'ils
aiment le plus, des hommes dont ils regardent
la gloire comme le dernier terme de l'ambition
humaine, leurs progrès dans l'art qu'ils étudieront
auront une rapidité qui ne peut être ni prévue ni
calculée. Aussitôt que seront terminés à Paris ces
cours de l'art d'enseigner les connoissances humaines, la jeunesse savante et philosophique qui
aura reçu ces grandes leçons, ira les répéter à
son tour dans toutes les parties de la République
d'où elle aura été appelée ; elle ouvrira partout
des écoles normales ; en repassant sur l'art qu'elle
viendra d'apprendre, elle s'y fortifiera, et en
l'enseignant à d'autres, la nécessité d'interroger
leur propre génie agrandira leurs vues et leurs
talens. Cette source de lumières si pure, si abon-
dante, puisqu'elle partira des premiers hommes
de la République en tout genre, épanchée de
réservoir en réservoir, se répandra d'espace en
espace dans toute la France, sans rien perdre de

sans doute d'avoir
nement revolutionnaire
pour faire avec
publique
permis de
le nom d'homme

cet hommage faisoit presque autant d'honneur aux disciples qu'aux professeurs qui en étoient l'objet.

ADRESSE DES ÉLÈVES DE L'ÉCOLE NORMALE

A la Convention nationale.

CITOYENS REPRÉSENTANS,

Le plus beau jour, le plus heureux jour pour les Français, le plus glorieux pour la représentation nationale, le 9 thermidor enfin, a vu tomber, avec la tyrannie, le système de vandalisme qui, en étouffant la liberté dans son berceau, devoit paralyser les sciences et les arts.

Par l'énergie de la Convention nationale et la sagesse de ses décrets, l'ignorance, compagne inséparable du despotisme, a été vouée à l'opprobre; l'instruction proposée à tous les citoyens ; des savans consommés dans la méditation des vrais principes, choisis pour les établir et les développer; plus d'un millier d'élèves appelés pour les recevoir et les répandre.

Le foyer des lumières est ici dans toute sa pureté; c'est à la lueur de ce feu sacré que l'éducation française doit s'élever à un degré qui ne fut jamais atteint dans les plus fameuses républiques de l'univers, et ce point de perfection est le but des écoles normales.

A votre voix, citoyens législateurs, se sont réunis au centre commun les Républicains que le choix de leurs concitoyens destine à concourir à l'exécution de ce plan régénérateur.

La carrière vient de leur être ouverte ; mais avant d'y faire les premiers pas, ils viennent offrir à la patrie le tribut de leur zèle, et à la Convention nationale l'hommage de leur dévouement. Puissent-ils, soutenus par la présence de vos dignes collègues, y marcher d'un pas ferme et rapide ! Puisse chacun d'eux recueillir un faisceau de lumières et le transmettre à ses compatriotes ! Puissent-ils par leurs travaux et leurs forces assurer dans toute la République le triomphe de la raison, de la 'saine philosophie, sur les ruines des préjugés, du fanatisme et de l'erreur !

Grâces vous soient rendues, citoyens législateurs ; l'asile où naguère le terrorisme et la tyrannie forgeoient des fers, inventoient des supplices aux talens et aux vertus, va devenir le temple des sciences utiles et de la morale républicaine. Cette inauguration peut-elle se faire sous des auspices plus favorables et dans des circonstances plus heureuses ! Elle se fera au milieu des transports d'allégresse que font naître dans le cœur

de tous les bons Français les victoires les plus
signalées de nos armées républicaines, qui, dans
cet instant fortuné, réparent en Hollande, par leurs
vertus civiques, les outrages faits à l'égalité, à la
liberté, ou qui, par leur valeur, rétablissent leur
règne sur le sol que la férocité des tyrans les
avoit forcées d'abandonner ; elle se fera aux
cris mille fois répétés de *vive la République ! vive
la Convention nationale !*

RÉPONSE DU PRÉSIDENT.

Le calife Omar, à la tête de ses barbares esclaves, détruisoit le dépôt le plus complet des sciences et des arts, pour établir le despotisme oriental ; Solon et Lycurgue, avant de donner à la
Grèce des lois protectrices de la liberté, alloient
consulter les sages et les savans dans les régions
les plus éloignées.

La liberté est favorisée et s'accroît par les lumières et les connoissances ; la tyrannie, au contraire, repousse et déteste l'instruction et les
mœurs pures qui en dérivent.

Vous êtes appelés par la confiance de vos concitoyens à une grande mission, celle de l'instruction publique ; que chacun de vous, citoyens, se
pénétre de ses devoirs, se rappelle la glorieuse
journée du 9 thermidor, sans laquelle la Répu-

blique ne seroit habitée que par des bourreaux
et des vautours.

Que l'amour de la liberté, de l'égalité, le respect des lois soient écrits en caractères de feu
dans vos cœurs, puisqu'en transmettant les sciences à vos élèves, vous devez leur inspirer la haine
pour la tyrannie, et les former aux vertus républicaines.

La Convention décrète la mention honorable
et l'insertion au bulletin de l'adresse des élèves et
de la réponse du président.

RAPPORT SUR BACON.

Citoyens,

Depuis longtemps la partie éclairée de la nation demande une bonne traduction de Bacon,
l'illustre philosophe anglais; cet ouvrage est indispensable aujourd'hui pour les écoles normales
que vous avez fondées. Il existe une version des
écrits de ce célèbre analyste. Cette version, déposée à votre comité, est attribuée à un littérateur
distingué. Votre comité d'instruction, propagateur
de toutes les lumières, nous a chargé, Deleyre,
notre collègue, et moi, d'examiner cette traduc-

tion, de la comparer avec l'original, et de présenter le résultat de notre travail. On sait que Deleyre a donné aux lettres l'analyse justement estimée de la philosophie de Bacon; ainsi, son opinion dans cet examen doit être d'un grand poids. Bacon, pauvre, négligé dans sa patrie, légua, en mourant, son nom et ses écrits aux nations étrangères; c'est à nous, c'est aux hommes de la liberté à recueillir la succession des martyrs de la philosophie. Je demande que la Convention nationale autorise son comité d'instruction publique à faire imprimer, aux frais du gouvernement, la traduction dont il s'agit, si, d'après le rapport des commissaires nommés, le comité estime que cet ouvrage est digne du philosophe anglais, et qu'il peut contribuer aux progrès de la philosophie et de la raison.

Cette proposition est adoptée.

RAPPORT

SUR LE TÉLÉGRAPHE.

Au nom du comité d'instruction publique, réuni à la commission nommée par le décret du 27 avril.

Réimprimé par ordre de la Convention nationale.

CITOYENS LÉGISLATEURS,

Ce sont les sciences et les arts, autant que les

vertus des héros qui ont illustré les nations, dont le souvenir se prolonge avec gloire dans la postérité. ARCHIMÈDE, par les heureuses inspirations de son génie, fut plus utile à sa patrie que n'aurait pu l'être un guerrier en affrontant la mort au milieu des combats.

Quelle brillante destinée les sciences et les arts ne réservent-ils pas à une République qui, par son immense population, et le génie de ses habitans, est appelée à devenir la nation enseignante de l'Europe.

Deux découvertes paroissent surtout marquer dans le dix-huitième siècle ; toutes deux appartiennent à la nation française : L'AÉROSTAT ET LE TÉLÉGRAPHE.

Mongolfier traça une route dans les airs, comme les Argonautes s'en étoient frayé une à travers les ondes ; et tel est l'enchaînement des sciences et des arts, que le premier vaisseau qui fut lancé prépara la découverte du nouveau monde, que l'aérostat devoit servir de nos jours la liberté, et être dans une bataille célèbre le principal instrument de la victoire (*).

(*) Les journalistes allemands, en cherchant à ridiculiser les premières découvertes de MONGOLFIER, qu'ils traitoient dans leurs feuilles périodiques de *légèreté française*, ne se doutoient guère qu'un jour cette précieuse découverte, perfectionnée par le génie tout-puissant de la liberté, contribueroit à l'humiliation de la maison d'Autriche.

Le télégraphe rapproche les distances : rapide messager de la pensée, il semble rivaliser de vitesse avec elle.

Comme il importe aux sciences de connoître les diverses gradations des découvertes, nous

On sait que *l'aérostat* construit sous les ordres et sous les yeux de notre collègue *Guiton Morveaux* a puissamment contribué au succès des armes de la République, à l'immortelle journée de FLEURUS.

Voici le rapport qui fut fait, avant la bataille au représentant *Guiton* et au général en chef de l'armée de Sambre-et-Meuse, par l'adjudant général qui montoit *l'aérostat*.

« Je soussigné, adjudant général, chef de brigade, ai monté dans l'aérostat commandé par le capitaine *Coutelle*, aux avant-postes du camp de Lambesart, et, m'étant élevé à la hauteur de 200 toises, ai resté en station pendant deux heures, et ai observé :

« 1° Sur la gauche, en arrière *de Sombref*, un escadron de cavalerie ennemie rangé en bataille, avec des vedettes sur la chaussée, sur laquelle sont deux pièces de campagne;

« 2° Plusieurs escadrons près de *Boley*, de même rangés en bataille, la gauche appuyée du côté de *Lorneau*;

« 3° Un fort détachement d'infanterie à la droite de *Saint-Martin-Balatre*;

« 4° Des grand'gardes dans les vergers de *Longrenelle*;

« 5° Un camp que j'ai évalué à environ 25 à 30 mille hommes : la gauche appuyée sur le côté de *Gembloux*, et la droite vers *Gentines*, avec des avant-postes près les bois de *Sombref*;

« 6° Un corps d'infanterie entre *Spy* et *Onox*.

« L'ennemi est alerte, et ses avant-postes sont en mouvement : il paraît que la vue du *ballon* l'intrigue beaucoup. »

De devant *Fleurus*, à 200 toises d'élévation.

ceptible, il peut être d'une grande utilité dans une foule de circonstances, et surtout dans les guerres de terre et de mer, où de promptes communications et la rapide connoissance des manœuvres peuvent avoir une grande influence sur le succès.

Ce n'est qu'après de longues méditations et de nombreux essais qu'il est parvenu à former un système de correspondance qui allie à la célérité des procédés la rigueur des résultats; car on ne marche que pas à pas dans les découvertes, et il est difficile de calculer les obstacles. On fait ou défait, on interroge, on compare, et le résultat positif n'est donné que par l'expérience.

L'électricité fixa d'abord l'attention de ce laborieux physicien; il imagina de correspondre par le secours des temps marquant électriquement les mêmes valeurs, au moyen de deux pendules harmonisés ; il plaça et isola des conducteurs à de certaines distances; mais la difficulté de l'iso-. lement, l'expansion latérale du fluide dans un long espace, l'intensité qui eût été nécessaire et qui est subordonnée à l'état de l'atmosphère, lui firent regarder son projet de communication par le moyen de l'électricité comme chimérique.

Sans perdre de vue son objet, il fit de nouveaux essais, en prenant les couleurs pour agent. Mais il reconnut bientôt que ce système n'étoit

rien moins que sûr par la difficulté de ... ...
sensibles à certaines distances, et que ... résultats étoient entravés et rendus à chaque instant
incertains par les diverses dispositions de l'atmosphère. En conséquence, il chercha à atteindre d'une autre manière le but qu'il s'étoit proposé.

Le micromètre appliqué à la lunette ... ... te-
lescope lui parut pouvoir fournir un moyen de
correspondance. Il en fit établir un... sur a
cadran présentoit diverses divisions ... valeurs
conventionnelles correspondant à un même nombre de points déterminés sur un petit espace de
terrain disposé à une grande distance, on ...
réussit. Mais comme ce moyen de communication
ne pouvoit avoir lieu que pour un petit nombre
de postes, il passa à de nouvelles ...

Il s'attacha à la forme des corps ... ... susceptible de se prononcer dans l'atmosphère d'une
manière certaine, et constata qu'en leur faisant
affecter diverses positions, il en tireroit un moyen
sûr de correspondance.

Le premier essai dans ce genre eut lieu dans
le département de la Sarthe, au mois de mars
1791 (V. S.) Dans cet essai, l'application des
pendules harmonisés fut combinée avec la forme
des corps.

Quelque temps après, la même expérience fut

répétée à Paris avec divers changemens. Enfin, après avoir médité sur le perfectionnement de ses moyens et leur exécution mécanique, le citoyen Chappe en fit, en 1792, hommage à l'Assemblée législative, qui les accueillit sans aucun fruit pour les sciences et les arts. Plus zélée pour tout ce qui intéresse leur gloire, la Convention nationale, par son décret du 27 avril dernier, nous a chargés de suivre le procédé présenté par le citoyen Chappe pour correspondre rapidement à de grandes distances.

Avant de vous soumettre le résultat de nos opérations, il est nécessaire de se former une idée exacte de l'appareil dont se sert l'inventeur de cette importante découverte.

Le télégraphe est composé d'un châssis ou régulateur qui forme un parallélogramme très-allongé. Il est garni de lames à la manière des persiennes. Ces lames sont en cuivre sur-argenté et bruni. Elles sont inclinées de manière à pouvoir réfléchir horizontalement la lumière de l'atmosphère.

Le régulateur est ajusté par son centre sur un axe dont les deux extrémités reposent sur des coussins en cuivre fixés au bout de deux montans.

Ce régulateur, mobile sur son axe, supporte deux ailes dont le développement s'effectue en différens sens.

Quatre fanaux sont suspendus aux extrémités‚, et y sont fixés et lestés de manière à affecter toujours la perpendiculaire.

Ces fanaux servent à la correspondance de nuit. Le mécanisme est tel que la manœuvre s'en fait sans peine et avec célérité, au moyen de certains moulinets établis à des distances convenables.

Un petit télégraphe, ou répétiteur, placé sous les yeux des manipulateurs, exécute tous les mouvemens de la grande machine.

Le télégraphe ambulant est établi sur un chariot ; son mécanisme est, à quelque chose près, celui du télégraphe stationnaire ; il en diffère dans les dimensions et dans la manière dont s'exécute la manœuvre ; le répétiteur, qui sert à indiquer les divers mouvemens et les différentes positions du télégraphe, y est remplacé par une disposition particulière du levier, qui rend la manœuvre très-facile, et permet à un seul agent de manipuler et d'observer tout à la fois.

L'analyse des différentes positions du télégraphe que nous venons de décrire présente un certain nombre de signaux parfaitement prononcés.

Le tableau représentatif des caractères qui les distinguent compose une méthode tachygraphique que je ne pourrois développer ici sans ravir à son auteur une propriété, fruit de ses longues et pénibles méditations.

La découverte que je vous annonce n'est pas seulement une spéculation ingénieuse; ses résultats ne laissent aucune équivoque sur la transmission littérale des différens caractères propres au langage des signes.

Pour obtenir des résultats concluans, vos commissaires, accompagnés de plusieurs savans et artistes célèbres, ont fait l'expérience du procédé sur une ligne de correspondance de huit à neuf lieues de longueur.

Les vedettes étoient placées, la première dans le parc de Pelletier-Saint-Fargeau, à Ménilmontant, la deuxième sur les hauteurs d'Écouen, et la troisième à Saint-Martin du Thertre.

Voici le résultat de l'expérience faite le 12 de ce mois :

Nous occupions, le citoyen *Arbogast* et moi, le poste de Saint-Martin du Thertre; notre collègue *Daunou* étoit placé à celui du parc de Saint-Fargeau, qui en est distant de huit lieues et demie.

A quatre heures vingt-six minutes, nous arborâmes le signal d'activité; le poste de Saint-Fargeau nous transmit en onze minutes, avec une grande fidélité, la dépêche suivante :

« Daunou est arrivé ici ; il annonce que la « Convention nationale vient d'autoriser son co-« mité de sûreté générale à apposer les scellés

« sur les papiers des représentans du peuple. »

Le poste de Saint-Fargeau reçut de nous, en neuf minutes, la lettre suivante :

« Les habitans de cette belle contrée sont di« gnes de la liberté, par leur amour pour elle « et leur respect pour la Convention nationale et « ses lois. »

Nous continuâmes longtemps cette correspondance avec un plein succès.

Dans les dépêches, il se glisse quelquefois des fautes partielles, par le peu d'attention ou l'inexpérience de quelques agens. La méthode tachygraphique de *Chappe* offre un moyen sûr et rapide de rectifier ces erreurs.

Il est souvent essentiel de cacher aux observateurs intermédiaires placés sur la ligne de correspondance le sens des dépêches. Le citoyen *Chappe* est parvenu à n'initier dans le secret de l'opération que les stationnaires placés aux deux extrémités de la ligne.

Le temps employé pour la transmission et la révision de chaque signal d'un poste à l'autre, peut être estimé, en prenant le terme moyen, à 20 secondes : ainsi, dans 13 minutes 40 secondes, la transmission d'une dépêche ordinaire pourroit se faire de Valenciennes à Paris.

Le prix de chaque machine, en y comprenant les appareils de nuit, pourroit monter à 6000 livres ; d'où il résulte qu'avec une somme de 96,000 livres, on peut réaliser cet établissement d'ici aux frontières du nord; et, en déduisant de cette somme le montant des télescopes et pendules à secondes que la nation n'a pas besoin d'acquérir, elle est réduite à 58,400 livres.

Vos commissaires ont pensé que vous vous empresseriez de nationaliser cette intéressante découverte, et que vous préféreriez à des moyens lents et dispendieux, un procédé propre à communiquer rapidement à de grandes distances tout ce qui peut faire le sujet d'une correspondance.

Ils pensent que vous ne négligerez pas cette occasion d'encourager les sciences utiles ; si leur foule, épouvantée, s'éloignoit jamais de vous, le fanatisme relèveroit bientôt ses autels, et la servitude couvriroit la terre. Rien en effet ne travaille plus puissamment pour les intérêts de la tyrannie que l'ignorance.

Voici le projet de décret que je vous propose, au nom de votre commission réunie au comité d'instruction publique :

La Convention nationale accorde au citoyen Chappe le titre d'ingénieur-télégraphe, aux appointemens de lieutenant de génie.

Charge son comité de salut public d'examiner quelles sont les lignes de correspondance qu'il importe à la République d'établir dans les circonstances présentes.

Ce projet est décrété dans la séance du 15 juillet.

Le temps et l'expérience ont répandu sur ce rapport le jour de la démonstration ; voici les faits ; ils parleront plus haut que les raisons les plus puissantes, car la spéculation la mieux suivie ne vaut jamais un exemple.

SÉANCE DU 15 FRUCTIDOR.

Carnot au nom du comité de salut public.

CITOYENS.

Voici le rapport du télégraphe qui nous arrive à l'instant :

« Condé est restitué à la République ; sa reddition a eu lieu ce matin à six heures. »

Gossuin : Condé est rendu à la République, changeons le nom qu'il porte en celui de Nord Libre. Décrété.

Cambon. Je demande que ce décret soit envoyé à Nord-Libre par la voie du télégraphe. Adopté.

Granet. Je demande qu'en même temps qu'on

vous apprenez à Condé, par la voie du télégraphe, son changement de nom, vous appreniez aussi à la brave armée du nord qu'elle continue de bien mériter de la patrie.

Cette proposition est décrétée.

Vers la fin de la séance, le président annonce à l'assemblée que le télégraphe a porté à l'armée les deux décrets rendus.

Voici, dit-il, la lettre de l'ingénieur-télégraphe.

« Je t'annonce, citoyen président, que les décrets de la Convention nationale qui annoncent le changement du nom de *Condé* en celui de *Nord-Libre*, et celui qui déclare que l'armée du nord ne cesse de bien mériter de la patrie, sont transmis; j'en ai reçu le signal par le télégraphe. J'ai chargé mon préposé à Lille de faire passer ces décrets à Nord-Libre par uu courrier extraordinaire.

Signé CHAPPE.

Voyez la correspondance que Chappe a entretenue avec moi.

———

MUSÉUM D'HISTOIRE NATURELLE.

On connoît la belle description du Muséum

d'histoire naturelle et _ vu, comme et ???
gravures, imprimée ??? ???? ??? ??????? e
et grand ? ??? établissement

Ces ????? ??-ci ??????? ? ??????
dans les États Unis ??? ?? ??????? ?
l'université ?? ?? ??????

On lit en tête

« Il ?????? ??

Pour le ????? ?? ?????? ?? ? ??? ??
Offert par le ????????? ?? ?????? l'????
naturelle ??????

?????? .. ????? ???? ???
????? ??????? ???? .
????? ?????? . ?????? ????
????? ?????? ?? ?????

??? ? ?? ??? ???

On lit. page ? ?? ????? ??

Cependant ??? ????? ??????? ?? ??? .
de tout gouvernement. ?????? ?????? ??
sa victoire ou ?? ??? ????? ????? ?? .
qui rappelait les ????? ?? ? ?????
établissement ??? ?? ?????? ????? ?? ??

més par le roi devoit être l'objet de sa fureur.
Le péril étoit imminent; et il eût été impossible
d'y échapper s'il ne se fût pas trouvé dans la Convention quelques hommes de courage, qui, reconnoissant enfin l'abîme dans lequel ils étoient
entraînés, désiroient arrêter ce torrent dévasta-
teur, et préparer un retour vers le bien en con-
servant les institutions utiles aux sciences et aux
arts. Parmi eux il faut surtout distinguer M. Lakanal, qui, en sa qualité de président du comité
d'instruction publique, exerçoit une grande influence. Aussitôt qu'il fut informé du danger qui
nous menaçoit, il se rendit secrètement au Jardin, et s'entretint avec MM. Daubenton, Thouin
et Desfontaines, sur les moyens de le prévenir.
Il se fit remettre par eux le projet de règlement
qu'ils avoient présenté à l'assemblée constituante,
et dès le lendemain il fit rendre un décret qui
constituoit et organisoit l'établissement, en lui
donnant le titre de Muséum d'histoire naturelle.

Ce décret, rendu le 10 juin et publié le 14,
se compose de quatre titres, dont nous allons
rapporter les articles essentiels.

TITRE Ier.

«L'établissement sera nommé à l'avenir *Muséum d'histoire naturelle.*

« Son but sera l'enseignement de l'histoire naturelle dans toute son étendue.

« Tous les officiers du Muséum porteront le titre de professeurs, et jouiront des mêmes droits.

« La place d'intendant sera supprimée, et le traitement attaché à cette place sera également re-
parti entre les professeurs.

« Les professeurs nommeront chaque année, au
scrutin, un directeur et un trésorier, chacun par
eux ; le directeur ne pourra, après l'expiration de
l'année, être continué que pour un an ; il présidera l'assemblée, et sera chargé de faire exécuter
les délibérations.

« Lorsqu'une place de professeur sera vacante,
les autres professeurs y nommeront et choisir
qu'ils jugeront le plus propre à le remplir.

TITRE I.

« On donnera dans le Muséum autant qu'il se
voir :

1° Un cours de minéralogie ;
2°   de chimie générale ;
3°   des arts chimiques ;
4°   de botanique dans le Muséum ;
5°   de botanique dans la campagne ;
6°   de culture ;
7 et 8°   deux cours de zoologie

9°   d'anatomie humaine;
10°   d'anatomie des animaux;
11°   de géologie;
12°   d'iconographie naturelle.

«La nature des objets qui doivent être traités dans ces cours, et les détails relatifs à l'organisation particulière du Muséum, seront l'objet d'un règlement que les professeurs sont chargés de rédiger, et qu'ils communiqueront au comité d'instruction publique.»

Le titre III ordonne qu'il y aura au Muséum une bibliothèque où l'on réunira les livres d'histoire naturelle qui se trouvent dans les dépôts appartenant à la nation, les doubles de ceux qui sont à la grande bibliothèque nationale, et la collection des plantes et animaux peints d'après nature, qui est déposée dans la même bibliothèque.

Le titre IV porte que le Muséum sera en correspondance avec tous les établissemens analogues, placés dans les départemens.

Dans le décret dont nous venons d'extraire les principaux articles, douze chaires sont établies, sans qu'on désigne par leur nom ceux qui doivent les remplir. Il est seulement dit qu'elles le seront par les douze officiers du jardin : on laisse à ceux-ci le soin de distribuer entre eux les fonctions.

7

La Convention nationale, ou ... comités d'instruction publique ... décrète :

Art. 1ᵉʳ. L'observatoire national ... cole militaire de Paris seront ... sous la direction et surveillance d'un ... composé de quatre astronomes attachés aux observatoires ... et ... deux navigateurs. ... en instruments d'astronomie.

Art. 2. Le bureau ... 1° de recueillir les observations astronomiques et météorologiques ; 2° de perfectionner ... des tables astronomiques et de ... les longitudes ; 3° il s'occupera de ... noissance des temps ... et la connaissance ... veillera tous les observatoires ... dans les différens départemens ...

Art. 3. Le bureau d'astronomie est composé des citoyens Lagrange, Lalande, Cassini, Méchain, Borda, Bougainville ... et Carochez.

Art. 4. Il sera attaché à chacun des quatre astronomes ... le bureau de longitudes.

Art. 5. Le bureau des astronomes nommera tous les ans un des membres qui ... donner un cours public d'astronomie ...

C'est à cet établissement que la France a dû plusieurs des grands hommes qui ont fait l'ornement de leur patrie, Fagon, Winslou, Tournefort, Macquer, les Jussieu, Daubenton, et Buffon, qui, par les vues philosophiques et les images sublimes répandues dans ses ouvrages, a si bien préparé les esprits aux grandes idées de liberté et de régénération.

Le livre immense de la nature est en quelque sorte ouvert au jardin des plantes; ses pages réfléchissent de toutes parts les richesses des trois règnes.

Ici c'est la famille des animaux, depuis l'oiseau timide qui confie sa postérité au frêle arbrisseau, jusqu'au tyran de l'air qui s'écarte pour la déposer sur la roche sauvage où le chêne a vieilli.

Là, les peuples végétaux, depuis la plante fugitive qui se dérobe aux regards le long des torrens, au faîte des montagnes, jusqu'à la rose prodigue qui embaume nos jardins.

Ailleurs, les créations minérales, depuis la lave que les volcans ont élancée naguère de leurs entrailles, jusqu'aux débris des montagnes, témoins des premiers jours du monde.

Des serres chaudes protègent les végétaux délicats des tropiques, et déjà la collection des plantes vivantes est composée de plus de six mille espèces, pendant que l'on conserve dans des her-

biers presque toutes les ....
bre de plus de vingt mille . ...
un assortiment très ..... de différentes parties des végétaux qui peuvent ....
res sur leur .... soit .... soit
traitement de leurs maladies.

C'est dans ce jardin ...., ...
les premières .... au ...... et ..... et
plusieurs ...... d'...... et ...... et .....
nes d'Amérique... et ....; d'autres ......
qui embellissent nos ....

Les plantations .... de ...... arbres exotiques. ... . à ... . analogues à ceux de ... .
à porter des graines ... . et .....
terrains encore ....: ....
ne peuvent ...... des ...., et ......
payer des tributs .... et ....
nations du Nord... ....
truction ......

Le jardin des plantes ....
divers départements ... à ....
et des plantes. ....
douze mille espèces.

Les académies, ...
de médecine, ...
de la France ... .
avec les .... à ....

Les premiers cafés qui furent transportés à la Martinique furent tirés de ce jardin, et c'est à cet établissement que la France, et particulièrement nos départemens maritimes, sont redevables d'une branche de commerce de la plus haute importance.

Des connoissances utiles pourroient échapper, malgré l'avantage des rapprochemens, à ceux qui commencent à étudier la nature; des savans consacrés à l'instruction publique, exposent, aux yeux des citoyens, tous les objets utiles au progrès des sciences naturelles, et suppléent à ce qu'on n'a pu écrire sur l'agriculture, le commerce et les arts.

Et ce ne sont pas seulement les citoyens français qu'on admet aux différens cours donnés au jardin des plantes; les étrangers y forment une partie considérable des auditeurs; il n'est pas rare de trouver parmi eux des Péruviens, des Brésiliens, des Anglo-Américains, et même des Asiatiques, que l'étude de l'histoire naturelle attire et retient pendant très-longtemps en France; l'établissement du jardin des plantes n'augmente-t-il pas ainsi la prépondérance et la gloire de la nation, par un des moyens politiques les plus nobles et souvent les plus avantageux?

Pour que les connoissances naturelles puissent s'accroître par tous les moyens de comparaison,

des cours d'anatomie achèvent ce montrer à conformation et les rapports intérieurs de l'homme
et des animaux. dont les organes sont ren-
mées dans le cabinet. pendant que des cours de
chimie apprennent quels peuvent être les principes constituants des végétaux et des minéraux.

Il viendra un temps. sans doute. où l'on en-
vera au jardin national des espèces de quadrupè-
des, d'oiseaux. et d'autres animaux étrangers qui
peuvent s'acclimater sur le sol. ou se hâtent. et
lui procurer ainsi de nouvelles richesses.

Vous n'apprendrez pas sans reconnaissant que ce
jardin des plantes et le cabinet d'histoire naturelle ont été près d'un siècle sans règlements
fixes, sans lois précises; que ses savants. appelés
aux yeux de l'Europe lettrée. sont négativement
traités, qu'ils n'ont pas le droit de se croire
des coopérateurs. en plutôt d'être l'objet de l'opinion publique, pour appeler auprès d'eux les
hommes les plus distingués par leurs lumières.

Il suffira de vous montrer les cieux pour que
vous les enleviez à leurs antiques racines : l'arbre
de la liberté serait-il le seul qui ne pût pas être
naturalisé au jardin des plantes?

Art. 6. Il y aura tous les ans une séance publique dans laquelle le bureau de longitudes présentera le compte de ses travaux.

Art. 7. Lorsqu'une place de membre du bureau de longitudes vaquera par mort, démission ou autrement, ledit bureau nommera, au scrutin, le savant qu'il jugera le plus propre à remplir la place vacante.

Art. 8. L'attribution annuelle faite à l'observatoire de la République et à celui de l'école militaire, est portée à soixante mille livres, laquelle somme sera employée conformément à la loi, à laquelle il est dérogé par la présente en tout ce qui lui est contraire.

Art. 9. Le règlement sur l'organisation interne des observatoires de la République sera rédigé par le bureau de longitudes et soumis à l'approbation du comité d'instruction publique.

Séance du 17 germinal AN IV.

Lakanal. — L'observatoire de Paris est le premier établissement en ce genre qui existe en Europe; mais, en ce moment, il n'est pas pour les sciences d'une utilité aussi étendue qu'on pourroit le désirer. Le lieu où il est placé est à une des extrémités de Paris, ce qui éloigne les élèves du cours d'astronomie pratique que le citoyen

RAPPORT

SUR LES ÉCOLES CENTRALES,

Réimprimé par ordre de la Convention nationale.

CITOYENS,

L'établissement des écoles primaires étoit la dette de la patrie envers chacun de ses enfans ; puisqu'elle leur doit la sûreté de leurs personnes et de leurs propriétés, elle leur doit essentiellement cette portion de lumières sans laquelle l'homme fut toujours la victime de l'imposture.

La malveillance et le patriotisme irréfléchi ont alarmé l'opinion sur l'énormité des dépenses qu'entraînera, d'après leurs calculs, l'organisation de l'instruction publique ; il importe de détruire l'idée exagérée qui semble s'accréditer. On pourroit dire aussi des lois qu'il ne suffit pas qu'elles soient bonnes, mais qu'il faut encore qu'elles paroissent telles à tous les esprits.

La population de la République étant estimée de vingt-six millions d'habitans, on auroit vingt-six mille écoles primaires, à raison d'une par population de mille individus ; l'ensemble coûteroit à la République 64,400,000 liv. ; mais il s'en faut de beaucoup que la dépense effective des écoles primaires atteigne cette somme. En effet, suivant le texte de la loi, toute population au-dessous de deux mille personnes n'aura qu'une école primaire; toute population au-dessous de trois mille n'en aura que deux, et ainsi de suite.

Le ressort d'une école primaire peut s'étendre, sans inconvénient, à deux mille toises à la ronde ; ainsi elle peut embrasser environ trois lieues carrées de superficie. Tout district où cette étendue de sol n'aura pas une population de deux mille personnes, pourra n'avoir qu'une école primaire. Cette condition seule réduit de beaucoup le nombre de ces écoles.

Les tableaux de population insérés dans les derniers volumes des mémoires de la ci-devant académie, offrent le plus communément une population d'environ cinq cents individus par lieue carrée; d'où il résulte que l'étendue de trois lieues carrées, que nous prenons pour l'arrondissement d'une école primaire, renferme à peu près quinze cents habitans.

A la vérité, les cas extrêmes, ceux dans lesquels la population est très-rapprochée ou très-dispersée, s'éloignent beaucoup de cette donnée. Dans le département du Nord, par exemple, le nombre moyen des habitans de la campagne est de dix-huit cent quatre-vingt-trois par lieue carrée.

Mais les résultats de ce genre sont peut-être les plus favorables à l'économie que nous avons en vue, puisque alors il est facile de grouper les communes de manière à comprendre plus de mille personnes dans l'arrondissement de chaque école primaire. On voit par là que le choix du mode à adopter par les administrations de district pour la répartition des écoles, ne doit pas être abandonné au hasard : il peut en résulter une grande économie s'il est bien fait; mais si on néglige l'attention de grouper les communes de manière à former, dans le plus petit·espace possible, des ensembles de population qui approchent, autant que faire se pourra, de deux mille individus, on tombera nécessairement dans une augmentation de dépenses qu'il est facile d'éviter.

Un calcul bien simple suffira pour convaincre de l'utilité de cette considération.

· Supposons que, dans l'étendue de la République, les deux tiers des écoles primaires renfermassent dans leurs arrondissemens une population de quinze cents individus, et que le tiers seulement fût restreint à une population de mille : cette hypothèse donneroit dix-neuf mille cinq cents écoles primaires pour toute la France; d'où résulteroit une dépense de 46,800,000 liv., et par conséquent une économie de 25,600,000 liv., somme au moins suffisante pour couvrir les frais des autres degrés d'instruction. Les lieux où la population est très-dispersée doivent sans doute apporter des modifications à ce calcul; mais nous avons présenté les deux limites.

Nous ne parlons pas des instituteurs payés à 1,500 livres, parce que le nombre des villes dont la population excède vingt-mille personnes est fort peu considérable; de plus, nous supposons une location de 200 livres, qui n'est point effective, et qui surpassera dans beaucoup d'endroits l'évaluation du loyer des propriétés nationales consacrées aux écoles primaires.

Ainsi les écoles primaires, prises au moyen terme, ne coûteront au plus que 54,600,000 fr., le sixième environ de vos contributions. Eh! qui ne conviendra pas que chez un peuple libre l'instruction doit être l'objet principal sur le tableau de ses dépenses?

Vous vous êtes donc renfermés dans les bornes de l'absolu nécessaire : eh! compte-t-on avec la nécessité, surtout quand, par la nature de son génie et de ses ressources, un grand peuple a l'ambition de s'élever à cet état de splendeur en deçà duquel il n'a pas rempli sa destinée?

Mais il se présente ici une observation puissante qui doit faire taire la malveillance et rassurer dans ses alarmes le propriétaire irritable, la justice autant que l'intérêt national veut avec.

tissent que l'instruction gratuite n'est due qu'aux citoyens sans fortune; et si vous adoptez les bases financières que votre comité doit vous proposer incessamment, l'instruction publique, organisée dans toutes ses parties, ne coûtera pas annuellement trente - cinq millions à la République.

Vous n'avez pas cru qu'il pût suffire à la dignité de la nation française que ses enfans se bornassent à des connoissances instrumentales, telles que la lecture, l'écriture, la numération; si c'est assez pour la masse des citoyens, c'est peu pour la gloire d'une République qui veut jouir de tous les trésors que lui promet le génie de ses habitans, et qui est appelée à régénérer l'univers moral aussi bien que l'univers politique. J'ai entendu dire, sous le règne du dernier tyran, qu'il ne falloit apprendre aux Français que la constitution et la guerre. J'admire autant qu'un autre l'austérité des Spartiates, auxquels on prétendoit nous assimiler; mais je crois qu'il est plus beau de mettre en œuvre tous les moyens que la nature a donnés à l'homme pour perfectionner ses sens et étendre ses rapports, que de parvenir, par un effort surnaturel, à prouver à cette mère commune qu'on peut se passer de ses bienfaits. S'interdire la gloire et les jouissances des arts, c'est l'absurde vertu des anachorètes; la vertu de l'homme consiste à les épurer, à les utiliser tous.

Les écoles primaires, comme l'annonce le nom que vous leur avez donné, sont le vestibule du grand édifice promis depuis longtemps à l'impatience des Français : édifice que plusieurs architectes ont déjà construit par la pensée, sans consulter le génie des temps et des lieux, et dont je vous présente aujourd'hui le plan géométral, tracé par votre comité d'instruction publique. Il dépend de vous de le voir s'élever avec majesté pour servir d'asile éternel aux sciences et aux arts, sans lesquels la liberté ne fera que passer sur la terre.

Pour cette vaste construction, il faut commencer par déblayer les débris des colléges, où d'inutiles professeurs, étonnés de se trouver encore au poste des abus, rassemblent sur des ruines quelques élèves mendiés, soit pour jouir d'un salaire dont vous avez oublié de dégréver le trésor national, soit pour se soustraire, eux et leurs disciples, aux travaux et au mouvement de la révolution.

Les colléges, contre lesquels réclamoit la philosophie depuis tant de siècles, que Montaigne et Jean-Jacques Rousseau ont dénoncés à la raison humaine comme les asiles de l'ignorance privilégiée, vont donc disparoître du sol de

la France libre ; et sans aucune dépense nouvelle, vous allez trouver dans leurs décombres,
et dans la dotation qu'ils absorboient, plus de
ressources qu'il ne vous en faut pour les établissemens régénérateurs que nous vous proposons.
Un grand nombre de départemens les ont récla-
més par des adresses multipliées : nous citerons
les départemens du Gers, du Tarn, des Bouches-
du-Rhône, du Loiret, de la Sarthe, du Calvados,
de l'Hérault, de l'Yonne, de l'Ardèche, de la
Côte-d'Or, des Côtes-du-Nord, de l'Ariége, de la
Dordogne, du Mont-Blanc, de la Moselle, des
Hautes-Pyrénées, du Bas-Rhin, de la Charente-
Inférieure et du Jura.

Ce ne sont pas des écoles secondaires. Elles
sont devenues inutiles par l'étendue que vous
avez donnée aux écoles ouvertes à l'enfance. Ces
écoles présentent en effet tous les germes des
connoissances qui seront enseignées dans les écoles centrales ; des établissemens intermédiaires,
des écoles de district ou de canton, seroient su-
perflus. Le talent, qui seul doit s'élancer à ce
nouveau degré de la hiérarchie scolaire, sera le
lien de correspondance entre les écoles primaires
et les écoles centrales. Des écoles secondaires
formeroient aujourd'hui une institution aristo-
cratique : car, ou les jeunes citoyens sans fortune
et obligés de se déplacer pour fréquenter ces

écoles, y seroient soutenus par les bienfaits de la nation, et dans ce cas vous la jetteriez dans des dépenses qu'elle ne pourroit soutenir que par des impositions oppressives, ou vous ne couvririez pas de la munificence nationale le mérite réduit à l'impossibilité de suivre à ses frais ces écoles secondaires ; et, dès lors encore inaccessibles aux élèves sans fortune, quoique destinés par la nature à parcourir avec succès la carrière des arts, ces écoles ne seroient qu'une création anti-populaire, un outrage sanglant fait aux principes de l'égalité.

D'un autre côté, les élémens auxquels on a toujours cru devoir borner l'instruction de l'adolescence seront enseignés dans ces premiers établissemens avec plus de choix et de variété, sans y être amalgamés avec ceux d'une langue certainement utile, mais qui, devenue l'unique véhicule de toutes les idées, retardoit infiniment la marche de l'esprit humain dans les premières années de la vie. La jeunesse sera donc mieux instruite, et en moins de temps. Il est bon, il est nécessaire que le plus grand nombre des jeunes citoyens, sans aspirer à une instruction plus étendue, se distribue, en quittant ces écoles, dans les champs, dans les ateliers, dans les magasins, sur vos navires, dans vos armées. Tous ceux qui doivent former la masse de la génération auront

trouvé dans les écoles primaires tout ce qu'il falloit pour remplir avec honneur, dans les divers
états, leur rang de citoyen. Il seroit funeste à la
chose publique de lui ravir des hommes utiles
pour traîner encore pendant plusieurs années,
dans de nouvelles écoles, des esprits vulgaires
que la nature n'a pas prédestinés au génie.

Mais pour la gloire de la patrie, pour l'avan-
cement de l'esprit humain, il faut que les jeunes
citoyens exceptés par la nature de la classe ordinaire trouvent une sphère où leurs talens puissent prendre l'essor ; quel que soit l'état où le
hasard les ait fait naître, quelle que soit leur fortune, la nation s'empare de leur génie; elle les
façonne pour elle bien plus que pour eux; elle
en fait à ses frais un *Euclide* ou un *d'Alembert*,
un *Quintilien* ou un *Rollin*, un *Locke* ou un
Condillac, un *Drack* ou un *la Peyrouse ;* elle ras-
semble pour ce grand ouvrage tout ce qu'elle a
de ressources, parce que les employer de la sorte,
c'est moins les consommer que les multiplier.
Elle ne considère pas les dépenses d'un tel établissement, parce qu'elle sait qu'il est essentiellement lié à son existence physique et morale,
comme la force armée l'est à son existence politique. Elle ne dit pas : l'intérêt et l'amour-propre
des particuliers, ou même la nature qui produit
le génie, me garantissent tous ces avantages,

parce qu'elle ne livre pas ainsi ses plus grands
intérêts aux calculs de l'intérêt étranger, ou aux
chances du naturel; elle ne remet pas cette organisation à des temps plus favorables, parce que
les temps sont marqués par l'irrésistible nécessité,
oui, l'irrésistible nécessité! La tyrannie a dévoré
les génies les plus célèbres. Les flambeaux des
sciences à demi-éteints éclairent à peine quelques
individus isolés et solitaires; et si vous ne vous
hâtez de les rallumer, la République va se perdre
dans les ténèbres.

On vous a démontré déjà combien il est urgent
de former des officiers de santé. Les communes
les ont cédés aux armées, où l'humanité, toujours
sous le fer et dans le feu, réclame les secours
les plus prompts. Vous propagerez la science de
la vie, non, comme autrefois, par des formules
hiéroglyphiques et quelques adages applicables à
tout, et par conséquent à rien, mais par une
étude approfondie de la nature, qui, pour la conservation de ses trois règnes, a combiné entre
eux des actions réciproques et des secours mu-
tuels. C'est la connoissance de ces combinaisons
éternelles qui formera notre systeme médical.
Celui-là sera à l'abri des épigrammes du bel esprit et du mépris des philosophes. L'homme qui
le possédera sera le vrai conservateur de l'espece
humaine; et, par un rapprochement qui paroîtra

singulier, mais qui n'en est pas moins réel, en gué-
rissant les maux du corps, il portera le plus grand
coup à l'incurable fanatisme, puisque, quand les
médecins sauront guérir, le peuple n'ira plus
recourir à d'impuissantes reliques. C'est dans l'impossibilité de les adresser à un mortel habile dans
cet art, que la Grèce ouvroit à ses peuples le
temple d'*Esculape*.

Tous les arts, toutes les sciences se tiennent et
s'enlacent; mais il en est qui ont une connexion
plus étroite; il en est d'autres, pour ainsi dire
supérieurs, qui entraînent dans leur tourbillon
une foule d'arts subordonnés, qui sont comme
leurs satellites; ils sont faits pour se réfléchir
mutuellement leur lumière : ainsi la physique, la
chimie, l'anatomie, l'histoire naturelle, quoique
chacune ait sa sphère particulière et son existence
à part, se rangent autour de la médecine; et vous
n'aurez fondé des écoles utiles pour celle-ci, que
lorsque les autres auront leur chaire et leurs études. Ce sont les membres d'un même corps : la
privation d'un seul arrête ou gêne l'action de tous
les autres.

Nous avons depuis longtemps négligé les belles-
lettres, et quelques esprits qui veulent passer
pour profonds regardent cette étude comme fu-
tile. S'ils avoient observé la marche de l'esprit
humain, ils auroient vu toujours les belles-let-

tres s'élever comme l'aurore des sciences. Ce sont elles qui ouvrent l'esprit au jour de la raison, et le cœur à l'impression du sentiment; elles substituent la moralité à l'instinct, elles policent les peuples, elles exercent leur jugement, elles les rendent plus sensibles et en même temps plus dociles aux lois, plus capables de grandes vertus. Chez les peuples anciens qui ont marqué dans l'histoire, les lettres ont tenu lieu de toutes les sciences; ils n'avoient presque aucune vraie connoissance, mais ils étoient lettrés : ils avoient des poëtes, des orateurs, des écrivains moraux, et ils ont été grands aux yeux de l'univers.

L'illustre philosophe de Genève, voyant dans la corruption les peuples éclairés, conclut que les lettres les avoient corrompus; il auroit dû dire qu'ils l'avoient été, non par les lettres, mais malgré les lettres, qui, dans cet état de décadence, modifioient encore l'action du vice, et rallumoient de temps en temps dans les âmes le flambeau de l'honneur; oui, jusqu'à l'abus qu'on en a fait, tout prouve le bon usage qu'on en pouvoit faire.

Encouragez donc l'étude et le perfectionnement des belles-lettres : ressuscitez les langues anciennes pour enrichir la nôtre de leurs trésors; les auteurs de l'antiquité respirent l'amour sacré de la patrie, l'enthousiasme de la liberté, et cette haine vertueuse que l'être sensible doit aux op-

presseurs de l'humanité. Rapprochez de vous les
langues principales de l'univers moderne, ce n'est
que par là que la vôtre peut se perfectionner ; et
vos idées ne s'étendront, ne se rectifieront que
par l'importation de toutes les idées étrangères.
Dès lors la poésie, la musique, l'éloquence, qui
agissent si fortement sur un peuple libre, pren-
dront en France le caractère qu'elles doivent avoir
et qu'elles n'ont jamais eu ; dès lors, au lieu d'*A-
nacréon*, vous aurez des *Tyrtées* et des *Homè-
res*; au lieu d'*Isocrate*, vous aurez des *Démosthènes*;
surtout si, par vos institutions, les grands principes de la morale républicaine deviennent populaires, et si votre législation sublime cesse d'être
la science du petit nombre. ·

En général, on avoit senti la nécessité de ces
branches d'enseignement; on ne s'étoit trompé
que sur la fin et les moyens ; mais pourquoi l'a-
griculture, le commerce, les arts et les métiers
n'ont-ils jamais eu leurs écoles ? Pourquoi les
a-t-on livrés à la routine de l'instinct ou à l'intérêt de la cupidité? Croyoit-on à l'impossibilité de
les réduire en principes? ou pensoit-on qu'en ce
genre les méprises fussent sans conséquence et la
perfection sans valeur? Vous vengerez les arts et
métiers, l'agriculture et le commerce de cet
oubli des nations; non en allant, comme les rois,
poser sur le soc, en un jour solennel, une main

protectrice : cette vaine cérémonie avilit ce qu'elle a l'air d'élever ; mais vous assignerez des instituteurs qui abrègent, qui assurent la marche de l'industrie. L'expérience démontre l'utilité de ces sortes d'établissemens. Le célèbre *Smith* a donné à *Edimbourg* des leçons sur le commerce, dont la réunion et l'ensemble ont formé l'*Essai sur les richesses des nations*, l'ouvrage peut-être le plus utile aux peuples de l'Europe. L'agriculture date des premiers jours du monde, et elle est à une distance immense de la perfection ; c'est que la charrue, poussée au hasard, n'a jamais été précédée du flambeau de la réflexion ; et si elle est plus florissante sur les bords de la Tamise, c'est que la patrie reconnoissante y a l'œil sur le cultivateur, et que le premier qui y sema du gland, d'où sortent les vaisseaux de ligne, a obtenu des statues éternelles.

Il est sans doute une foule d'exercices auxquels on élevoit la jeunesse, qu'il faut absolument proscrire de l'éducation nationale et livrer aux fantaisies des particuliers ; mais il est du grand intérêt de la patrie de s'assurer que les mathématiques se cultivent et s'approfondissent, parce qu'elles donnent le pli de la vérité, parce que sans elles l'astronomie et la navigation n'ont plus de guide, l'architecture civile et navale n'ont plus de règle, la science de l'artillerie et des siéges n'a plus de base. Rien, en un mot, de ce qui a quelque degré d'utilité publique, ne doit être négligé dans votre système d'instruction gratuite, pas même le dessin, qui n'a été considéré jusqu'à présent que relativement à la peinture, mais qui, sous le rapport du perfectionnement des sens, accoutume les yeux à saisir fortement les traits de la nature, et est, pour ainsi dire, la géométrie des yeux, comme la musique est celle de l'oreille.

Voilà les principaux objets d'enseignement qui seront traités avec une certaine étendue dans les nouvelles écoles que nous nommons centrales, parce qu'elles seront placées au centre des écoles primaires de chaque département, et à la portée de tous les enseignés.

Quel plus beau spectacle que de voir, dans toute la République, s'élever ces savantes constructions où se réuniront dans un foyer commun les lumières de chaque département! Vous y rassemblerez les hommes éclairés des colléges que vous allez supprimer; en les unissant aux élèves sortis des écoles normales, ils seront forcés d'en suivre la direction. C'est là que les gens de lettres qui, cachés au fond de leur cabinet, y nourrissent solitairement le feu du génie, iront avec allégresse en répandre l'influence; c'est là aussi qu'après tant de campagnes célèbres, les amis des arts qui sont dans nos armées, viendront servir la

patrie d'une manière aussi utile et moins dange-
reuse, et unir les palmes des lettres aux lauriers
de la victoire; c'est là enfin que vous recueillerez,
de tous les points de chaque département, les divers monumens des arts qui doivent servir à leur
reproduction : dispersés, ils sont sans objet et
sans utilité; réunis, exposés à l'admiration publique et à l'émulation du talent, ils allumeront dans
leurs âmes le feu qui les a créés. Mais à cet
égard nous devons à la nation un grand exemple
d'égalité et de fraternité. Vous avez dans la commune de Paris des richesses incroyables dans ce
genre. Il est sans doute essentiel que les artistes
et les savans trouvent dans cette métropole des
sciences et des arts les plus riches collections;
mais n'accaparez pas une opulence inutile. Pourquoi le superflu des cabinets et des bibliothèques
de Paris ne seroit-il pas versé dans les départemens? Gardez tous les chefs-d'œuvre uniques,
il est juste qu'ils fassent l'ornement des lieux qui
les ont vus naître : mais tous les doubles en fait
de tableaux, de livres, de statues, de machines,
d'objets quelconques d'études, vous en enrichirez
les écoles départementales. Le génie portera ainsi
sa flamme épuratrice jusqu'aux extrémités de la
République. De là, par un effet réciproque, repor-
tés naturellement vers le centre, il se formera une

circulation d'où dépend l'embonpoint et la vie du corps social.

Les écoles normales ont annoncé à la France le complément de l'instruction, qui ne peut être que dans les écoles centrales : vous ne laisserez pas l'édifice imparfait. L'univers, la postérité, sauront qu'au milieu des orages d'une révolution inouïe, dans les crises d'une guerre dont vous souffliez l'embrasement sur vingt nations punies de leurs forfaits; tandis que, dans l'intérieur, vous terrassiez d'une main le crime et l'immoralité, et que de l'autre vous cicatrisiez les plaies que la patrie avoit reçues de ses parricides enfans, votre génie infatigable, combattant sans relâche l'ignorance et le vandalisme qui menaçoient d'envelopper la République, élevoit un temple immense, un temple éternel, et jusqu'à vous sans modèle, à tous les arts, à toutes les sciences, à toutes les branches de l'industrie humaine, et que vous assuriez par ce chef-d'œuvre, à la nation française, sur les peuples de l'univers, une supériorité plus glorieuse que celle que nous avoient donnée les succès de nos armées triomphantes.

———————

Il importe de faire cesser cette dissonance, car l'unité de la République appelle l'unité de l'enseignement.

Je vous dirois que les établissemens proposés sont en quelque sorte des cadres ouverts pour recevoir les élèves de l'école normale qui se seront le plus distingués pendant la durée du cours, et un nouveau motif d'émulation donné à leur amour pour la propagation des lumières ; des cadres ouverts pour recevoir, dans toute l'étendue de la République, les hommes éclairés et vertueux qui ont échappé à la faux du vandalisme.

Citoyens, vous avez fondé l'école normale, et cet établissement, en opérant un grand déversement de lumières dans les départemens, consolera les sciences, les lettres et les arts, des ravages de l'ignorance et de la tyrannie.

Les écoles primaires s'organisent de toutes parts ; les livres élémentaires sont composés ; il vous reste un pas à faire pour monter tout le système de l'instruction nationale, et ce pas sera un grand bienfait pour la génération qui s'avance. Voici le projet de décret.

La Convention nationale, après avoir entendu le rapport de ses comités d'instruction publique et des finances, décrète :

CHAPITRE PREMIER.

Institution des écoles centrales.

Art. 1er. Pour l'enseignement des sciences, des lettres et des arts, il sera établi, dans toute l'étendue de la République, des écoles centrales distribuées à raison de la population; la base proportionnelle sera d'une école par trois cent mille habitans.

2. Chaque école centrale sera composée :

1° D'un professeur de mathématiques;

2° D'un professeur de physique et de chimie expérimentales;

3° D'un professeur d'histoire naturelle;

4° D'un professeur de méthode des sciences ou logique, et d'analyse des sensations et des idées;

5° D'un professeur d'économie politique et de législation;

6° D'un professeur d'histoire philosophique des peuples;

7° D'un professeur d'hygiène;

8° D'un professeur d'arts et métiers;

9° D'un professeur de grammaire générale;

10° D'un professeur de belles-lettres;

11° D'un professeur de langues anciennes;

12° D'un professeur de langues vivantes, les plus appropriées aux localités;

13° D'un professeur des arts de dessin.

3. Dans toutes les écoles centrales, les professeurs donneront leurs leçons en français.

4. Ils auront tous les mois une conférence publique sur les matières qui intéressent le progrès des sciences, des lettres et des arts les plus utiles à la société.

5. Auprès de chaque école centrale, il y aura:

1° Une bibliothèque publique ;

2° Un jardin et un cabinet d'histoire naturelle ;

3° Un cabinet de physique expérimentale;

4° Une collection de machines et modèles pour les arts et métiers.

6. Le comité d'instruction publique demeure chargé de faire composer les livres élémentaires qui doivent servir à l'enseignement dans les écoles centrales.

7. Il sera statué, par un décret particulier, sur le placement de ces écoles.

CHAPITRE II.

Jury central d'instruction. — Professeurs.

Art. 1er. Les professeurs des écoles centrales seront examinés, élus et surveillés par un *jury central d'instruction*, composé de trois membres nommés par le comité d'instruction publique.

2. Le jury central sera renouvelé par tiers tous les six mois.

Le commissaire sortant pourra être réélu.

3. Les nominations des professeurs seront soumises à l'approbation de l'administration du département.

4. Si l'administration refuse de confirmer la nomination faite par *le jury central*, il pourra faire un autre choix.

5. Lorsque *le jury* persistera dans sa nomination et l'administration dans son refus, elle désignera, pour la place vacante, le citoyen qu'elle croira mériter la préférence; les deux choix seront envoyés au comité d'instruction publique, qui prononcera définitivement entre l'administration et le jury central.

6. Les plaintes contre les professeurs seront portées directement au *jury central* d'instruction publique.

7. Lorsque la plainte sera en matière grave, et après que l'accusé aura été entendu, si le jury juge qu'il y a lieu à destitution, sa décision sera portée à l'administration du département, pour être confirmée.

8. Si l'arrêté de l'administration du département n'est pas conforme à l'avis du *jury central*, l'affaire sera portée au comité d'instruction publique, qui prononcera définitivement.

9. Le traitement de chaque professeur des écoles centrales est fixé provisoirement à trois mille livres.

Dans les communes dont la population s'élève au-dessus de quinze mille habitans, ce traitement sera de 4,000 livres.

Dans les communes au-dessus de soixante mille habitans, il sera de 5,000 liv.

10. Il sera alloué tous les ans, à chaque école centrale, une somme de 6,000 liv. pour frais d'expériences, salaire des employés à la garde de la bibliothèque, du cabinet d'histoire naturelle, et pour toutes les dépenses nécessaires à l'établissement.

11. Le comité d'instruction publique est chargé d'arrêter les règlemens sur le régime et la discipline intérieure des écoles centrales.

CHAPITRE III.

Élèves de la Patrie. — Prix d'encouragement.

Art. 1er. Les élèves qui, dans *la fête de la jeunesse*, se seront le plus distingués, et auront obtenu plus particulièrement les suffrages du peuple, recevront, s'ils sont peu fortunés, une pension annuelle pour se procurer la facilité de fréquenter les écoles centrales.

2. Des prix d'encouragement seront distribués tous les ans, en présence du peuple, dans la fête de la jeunesse.

Le professeur des élèves qui auront emporté le prix, recevra une couronné civique.

3. En conséquence de la présente loi, tous les anciens établissemens consacrés à l'instruction publique, sous le nom de colléges, et salariés par la nation, sont et demeurent supprimés dans toute l'étendue de la République.

4. Le comité d'instruction publique fera un rapport sur les monumens et établissemens déjà consacrés à l'enseignement public des sciences et des arts, comme les jardins des plantes, les cabinets d'histoire naturelle, les terrains destinés à des essais de culture, les observatoires, les sociétés des savans et artistes qu'il seroit bon de conserver dans le nouveau plan d'instruction nationale.

La discussion s'ouvre sur l'article 1er.

Coupé. Je demande qu'au lieu d'une école centrale par 300 mille habitans, on en établisse une par département.

Le rapporteur. Le comité d'instruction publique a adopté la base de la population dans la répartition des écoles centrales sur le territoire de la République. Il lui a paru juste de ne pas donner le même nombre d'écoles centrales et aux départemens les plus forts par la population et l'étendue territoriale, et à ceux qui sont réduits au *minimum* de la population et de l'étendue ; de placer de la même manière dans la hiérarchie scolaire le départèment du Bec-d'Ambez, par exemple, dont la population s'élève à près de 5oo mille habitans, et le département des Alpes-Maritimes qui n'en a pas cent mille. Nous n'avons pas été retenus par la considération que, dans le département le plus étendu, comme dans celui qui est resserré dans les bornes les plus étroites, il n'existe qu'une administration de département, qu'un tribunal criminel, etc. N'est-ce pas plutôt là un vice de répartition qu'un motif pour nous de ne pas briser la chaîne départementale, dans le classement des écoles centrales ? N'étions-nous pas fondés à le penser d'après vos propres décrets ? En effet, vous avez adopté la base de la population dans l'organisation des écoles primaires ; et lorsque nous vous avons proposé pour l'école normale trois élèves par district, vous avez rejeté l'avis de votre comité, pour adopter, sur la demande de notre collègue Ramel, la base proportionnelle d'un élève par 2o mille habitans ; c'est d'après ces principes et vos propres décrets que je réclame l'ordre du jour.

L'ordre du jour est adopté. Le rapporteur relit l'article II.

Levasseur de la Sarthe. Il me semble que dans la liste des cours, on en a omis un bien important, celui d'agriculture et de commerce. Je demande que cette omission soit réparée.

Le rapporteur. On a dû voir dans le rapport qui a précédé le projet de décret, que je me suis étendu avec une sorte de complaisance sur la nécessité d'un cours d'agriculture et de commerce dans chaque école centrale. J'ai cité l'exemple du célèbre Smith, professeur d'agriculture et de commerce à Édimbourg. Le comité d'instruction a rejeté, contre mon opinion, la demande que vous fait aujourd'hui notre collègue; il a pensé qu'il suffiroit d'environner le commerce et l'agriculture d'encouragemens et de liberté. Ce n'est pas mon avis, et j'appuie la proposition de notre collègue Levasseur.

La proposition de Levasseur est adoptée.

N...... On propose dans l'article un professeur d'arts et métiers. Je ne crois pas qu'un seul professeur puisse embrasser les élémens de tous les arts et métiers. Je demande que le rapporteur s'explique à ce sujet.

Le rapporteur. Les arts se divisent en deux grandes classes, les arts mécaniques et les arts chimiques.

Les arts mécaniques sont ceux qui exigent un emploi de force vive, et qui ne peuvent être

exercés qu'à l'aide d'instrumens mécaniques :
ainsi, par exemple, on ne peut travailler le bois,
les métaux, la pierre, qu'en faisant une dépense
de forces, et en se servant d'outils appropriés à l'effet qu'on veut produire. Ces outils sont ou simples, ou composés ; dans ce dernier cas, ils pren-
nent le nom de machines : ainsi une machine
n'est que la collection d'un certain nombre d'outils ou d'instrumens, réunis pour produire un
effet. Toute machine est donc susceptible d'être
décomposée, d'être réduite à des élémens simples.

Le professeur qui sera chargé de cette partie
de l'instruction publique, devra donner d'abord
des notions générales communes à tous les arts
mécaniques ; il particularisera ensuite ses leçons
de manière à ce que chacun puisse s'arrêter au
degré d'instruction nécessaire pour l'art qu'il veut
embrasser, et que les élèves ne soient pas forcés
de consommer un temps précieux à acquérir des
connoissances qui leur seroient inutiles.

Des cours devront donc commencer par l'exposition des principes élémentaires de la géométrie
graphique. De là les règles de la perspective, de la
taille des pierres, de l'art de la charpente, de ce
qu'on appelle le trait.

Les arts purement chimiques diffèrent des arts
mécaniques en ce qu'ils n'emploient ni force

vive, ni instrumens mécaniques. Ainsi, lorsqu'on brûle du soufre pour le convertir en acide sulfurique ou huile de vitriol, la combustion est un agent, mais non pas un instrument ; l'ouvrier ne fait aucune dépense de force. Le cours relatif aux arts chimiques devra commencer par une exposition des corps naturels qui sont en usage dans les arts, par une description de leurs qualités extérieures, par quelques explications sur leur origine dans les arts, comme dans celui du teinturier, par exemple.

C'est ainsi que se sont faits, au Lycée républicain de Paris, des cours d'arts et métiers, dans lesquels on a soumis à une méthode didactique toutes les professions manuelles, et éclairé et abrégé les procédés des arts et métiers qui ont un rapport direct avec les besoins de la vie.

L'article est adopté.

N..... Le comité propose d'établir, dans chaque école centrale, un professeur de langues les plus appropriées aux localités. Je crois qu'il est dans l'intention de la Convention de faire disparaître du sol de la République, tous les jargons particuliers pour ne conserver que la langue nationale.

Le rapporteur. J'observe à mon collègue qu'il n'a pas saisi le sens de l'article. Il n'est pas question de conserver des idiomes particuliers, mais de répandre, selon les localités, la connoissance des langues parlées chez les peuples nos voisins, avec lesquels nous pouvons avoir des relations de commerce ou d'amitié. Ainsi, dans les départemens voisins des Pyrénées, on enseignera l'espagnol ; l'italien, dans les départemens situés au pied des Alpes ; l'allemand, dans les départemens du Nord.

L'article est adopté.

Les articles 3 et 4 sont adoptés sans réclamation.

Le rapporteur relit l'article 5 et ajoute : La mesure présentée dans l'article ne sera pas, comme on pourrait le penser, une surcharge pour le trésor national. D'après le travail de la commission temporaire des arts, les collections en tout genre que les émigrés, les ci-devant moines, les congrégations enseignantes ont laissées à la République, sont plus que suffisantes pour la formation des établissemens que nous vous proposons ; d'ailleurs, ces dépôts fussent-ils incomplets dans leur origine, s'enrichiront de dons particuliers faits par les bons citoyens, se compléteront même par des échanges.

L'article est adopté ainsi que l'article 6.

Le rapporteur. Les députations respectives seront entendues pour le placement des écoles centrales. Ainsi, toutes les difficultés expireront dans le sein de votre comité, et vous ne perdrez pas à les lever, un temps que vous devez tout entier au salut de la patrie.

L'article 7 est adopté.

La Convention décrète les chapitres II et III sans réclamation.

RAPPORT

SUR L'ORGANISATION DES ÉCOLES PRIMAIRES.

Imprimé par ordre de la Convention nationale.

CITOYENS REPRÉSENTANS,

Ce n'est pas assez d'avoir assuré le triomphe de la liberté publique par l'énergie de votre courage et l'ascendant de vos lumières : vous voulez transmettre cette importante conquête à vos enfans ; mais ce seroit leur léguer un stérile bienfait que de ne pas chercher à leur en garantir la durée ; de là naît pour vous le besoin de les préparer par des lumières à conserver cette liberté, fruit des longs efforts et des sublimes travaux de leurs pères ; de là la nécessité de L'INSTRUCTION : un peuple éclairé doit se maintenir libre ; eh ! comment pourroit-il avoir la foiblesse de traîner des fers, s'il peut se faire une juste idée de l'homme? s'il voit un tyran avec toute l'horreur qu'il inspire?

L'ordre social est fondé sur les lois : les lois s'appuient sur les mœurs : les mœurs s'épurent et se conservent par l'éducation; L'INSTRUCTION et l'éducation doivent donc marcher ensemble et se prêter un appui mutuel; car, comme l'a dit un philosophe célèbre, on ne forme pas l'homme en deux temps. En renversant la tyrannie, le premier pas à faire, c'est de répandre les lumières : sans elles, le froid inactif de l'ignorance gagneroit bientôt jusqu'aux extrémités du corps social, et vous auriez amené les Français à cet état de dégradation où vouloit les réduire un des vizirs que nous nommions ministres, lequel se flattoit que bientôt on n'imprimeroit en France que des *almanachs*.

Il est temps sans doute de pourvoir à l'un des besoins les plus essentiels et les plus négligés de la République; hâtons-nous d'établir l'enseignement, mais sur un plan plus national, plus organique, plus digne, en un mot, de nos futures destinées. Telles ont été les vues du comité et les intentions qu'il s'est attaché à remplir.

Il est question ici de l'enfance : les écoles primaires doivent l'introduire en quelque sorte dans la société. Notre système de placement est fondé sur les observations faites par les hommes qui ont le plus médité sur l'économie sociale. Ils comptent 150 enfans de 6 à 13 ans dans une population de 1,000 personnes. Ainsi, chaque école primaire sera composée d'environ cent cinquante élèves. ROUSSEAU n'en vouloit qu'un. Le bon ROLLIN pensoit que c'étoit assez d'en réunir cinq sous un même instituteur. En lui assignant des fonctions qui ne dépassent pas la mesure de ses forces physiques, nous plaçons dans notre système l'instruction à la portée des enseignés, et nous économisons tout à la fois les instituteurs et les finances de la République.

Deux modifications ont été jugées nécessaires : elles sont relatives aux lieux où la population est trop dispersée ; à ceux où elle est très-rapprochée (1).

Ces établissemens, pour opérer tout le bien qu'on doit s'en promettre, ne doivent être confiés qu'à des hommes éclairés et vertueux ; il faut y appeler le mérite et en repousser l'intrigue et l'immoralité. Nous vous proposons d'établir près de chaque administration de district un *jury d'instruction* ; il est nécessaire d'entrer dans quelques détails sur cette institution nouvelle.

Figurons-nous, sur un espace aussi étendu que

(1) *Voyez* les articles 3 et 4 du chapitre 1er.

la France, vingt-quatre mille écoles nationales avec près de quarante mille instituteurs et institutrices ; dans ces écoles peuvent recevoir l'instruction première et commune environ trois millions six cent mille enfans.

Voilà un établissement immense et tout à fait national ; sa dépense en salaires, prix d'émulation, bâtimens, sera la plus forte que la République ait à soutenir en temps de paix : peut-on nier que cet établissement ait besoin d'être administré dans sa tenue morale et surveillé dans la manière dont sera exécuté le genre de service qu'on lui demande ? De là l'institution dans chaque district d'un jury d'instruction composé de trois personnes, et qui se renouvellent ; un jury par département n'auroit pas suffi, et sa surveillance n'eût été qu'illusoire. Si au jury de district on préféroit l'administration des corps municipaux, il en résulteroit une complication dont l'accroissement seroit dans le rapport de cinq cents, qui est le nombre à peu près des districts ; à quarante-deux mille, qui est celui des municipalités. Chaque commune voudroit avoir au moins une école, et les fonds publics qu'on peut y destiner, quelque considérables qu'on les suppose, ne pourroient suffire à cette augmentation ; d'ailleurs, les grandes communes seroient bien pourvues, celles des campagnes le seroient mal, ce

qui ne s'accorde pas avec l'équité *illisible*
Enfin les écoles seroient plutôt communales *illisible*
nationales, ce qui est moins favorable à l'unité *illisible*
à l'intégrité d'une association politique. Les *illisible*
d'instruction doivent agir de concert avec les ad-
ministrateurs de district, et correspondre à *illisible*
point central supérieur, à la commission exécutive de l'instruction : ce principe ne peut pas être
attaqué par les amis de l'ordre et de l'économie *illisible*

C'est peu de monter un grand établissement *illisible*
il faut provoquer les hommes capables de le remplir. Nous avons dû prouver que nos *illisible*
travailleroient à supprimer les *illisible*
des malveillans s'efforceroient de se déguiser de
leurs fonctions, que des hommes *illisible*
séduits élèveroient surtout *illisible*
tes vagues ou mal fondées : toutes les précautions
sont prises pour repousser d'injustes attaques,
pour imposer silence à toutes les *illisible*
sement accusatrices. D'un autre côté, trois motifs puissans appelleront l'homme vertueux et
éclairé aux pénibles fonctions d'instituteur national : un traitement qui *illisible*
une médiocrité honorable et *illisible*, l'espoir que nous lui donnons d'une retraite paisible
et aisée dans les *illisible*,
enfin, son inscription dans la liste des fonctionnaires publics.

La disposition qui porte l'égalité des salaires pour les instituteurs sur tous les points de la République, peut avoir une grande influence sur les progrès de l'amélioration sociale. L'intention du comité n'a pas été de réduire celui qui vit chèrement dans les villes au traitement de celui qui habite la campagne. Ce n'est pas au *minimum* qu'on a voulu placer l'égalité, c'est au *maximum*. On a proposé de donner à l'instituteur des campagnes autant qu'à celui des villes : cette vue a paru morale et d'une bonne politique. Tant de motifs attirent les talens et les lumières dans les grandes villes, qu'il est bon d'en repousser une partie au milieu des champs par l'attrait d'une existence aisée. Alors seulement je verrai l'égalité dans l'instruction. Seroit-elle réelle, en effet, si les hommes et les femmes, chargés de la distribuer dans les campagnes, n'y étoient retenus que par leur infériorité et l'impossibilité d'être mieux placés ailleurs ?

J'entends une objection : l'exécution de votre système d'organisation scolaire grèveroit d'une énorme dépense les finances de la République; *je réponds* d'abord que dans un gouvernement populaire les citoyens sont les enfans de l'État : or, accuserions-nous de prodigalité le père de famille qui consacreroit à l'éducation de ses enfans la cinquième partie de son bien ? ne dirions-nous pas qu'il en fait u̶ ....

portée poi̶r̶ ....

avoit été ....

République ....

elle payoit 2.6₂₃ .. ..

elle ne payera ....

2.200 liv. I̶l̶ ....

de pareilles ....

un plan ....

nale? pourquo̶ .. ..

sente des ....

par la d............. .. ..

rience : Le ....

l'asse̶r̶t̶ ....

SISTRATE :

La fixation ....

viennent a̶u̶ ....

jourd'hu̶ d'aucu̶e̶ ....

l'avouer. Ils ....

seignement i̶n̶t̶e̶r̶ ....

et lui faire ....

de l'éducation . ...

tellectuelles : les ....

comme les talens ....

forte si le corps .. ..

génieux et na̶ï̶f̶ ....

valet robuste : ....

tout l'homme .. ..

fectionner l'individu, elle essaye d'améliorer l'espèce.

C'est aux bons livres élémentaires et à des ouvrages capables de guider les instituteurs qu'il est donné d'atteindre toutes les fins de l'instruction publique. Les ouvrages envoyés jusqu'ici au concours ouvert pour cet objet, n'ont pas rempli vos vues : en général les auteurs ne se sont pas contenus dans les limites du travail qui leur étoit demandé, de telle sorte que ces divers ouvrages n'empiétassent pas les uns sur les autres, qu'il n'en manquât aucun d'utile, et que tous ensemble pussent offrir un système complet d'enseignement national.

Les citoyens qui ont travaillé pour ce concours ont généralement confondu deux objets très-différens, des *élémentaires* avec des *abrégés*. Resserrer, coarcter un long ouvrage, c'est l'abréger ; présenter les premiers germes et en quelque sorte la matrice d'une science, c'est l'élémenter ; il est facile de faire un abrégé de MEZERAI, tandis qu'il faudroit un CONDILLAC pour nous donner des élémens de l'histoire. Ainsi l'abrégé est précisément l'opposé de l'élémentaire; et c'est cette confusion de deux idées très-distinctes qui a rendu inutiles pour l'instruction les travaux d'un très-grand nombre d'hommes estimables, qui se sont livrés, en exécution de vos décrets, à la composition des livres élémentaires.

Quoi qu'il en soit, [...] temps frustre ou [...] mentaires : le [...] pour en [...] terrogé le génie, [...] gne de vous [...]

Il restait un [...] des moyens d'entretenir [...] cette émulation [...] lens, les vertus, [...] le génie le plus [...] de grand. Votre [...] se réunir dans la [...] nesse.

Là, en présence [...] et spectateur, des prix d'encouragement [...] distribués aux élèves [...] lement proclamés [...] publiques ceux de [...] n'ayant pas suivi [...] néanmoins jugés [...] différentes parties [...] car vous voulez [...] ciété avec le droit [...]

ne gémiroit pas aujourd'hui sur le vide de l'instruction publique ; la patrie ne seroit pas alarmée sur le sort de la génération qui nous recommence, si les principales bases du plan que nous vous présentons n'avoient pas été rejetées dans la séance du premier juillet dernier , sur la motion du tyran que vous avez arrêté sur les marches du trône pour l'envoyer à l'échafaud.

Il avoit ses vues pour faire repousser ces idées régénératrices ; votre comité , dont j'étois alors , comme aujourd'hui , l'organe près de vous , avoit les siennes aussi pour les proposer.

Le projet de loi fut adopté séance du 27 brumaire an III.

Cette organisation des écoles primaires fut analysée avec éloge dans le journal d'*instruction sociale* publié par Condorcet et Sieyès.

RAPPORT

SUR LES LANGUES VIVANTES.

Chez les peuples les plus éclairés de l'Europe, les langues orientales occupent un rang distingué dans tous les établissemens consacrés à la propagation des lumières ; ces langues, négligées en

France depuis le commencement de ce siècle, ont été presque entièrement abandonnées pendant le cours de la révolution.

L'enseignement de toutes les connoissances utiles est devenu l'objet de vos travaux les plus importans depuis la chute du moderne *Pisistrate*. Refuseriez-vous aux langues orientales une place dans l'instruction publique? Non ; la nation française ne doit être étrangère dans aucun pays ni dans aucun siècle.

Négliger la connoissance des langues orientales qui servent d'organe à la diplomatie, ne seroit-ce pas abandonner la carrière des consulats à des hommes incapables de stipuler utilement pour les intérêts de la République? Ne seroit-ce pas rompre inconsidérément tous ses liens de correspondance avec les autres nations, détruire toutes ses relations extérieures? Je dirai plus, ce seroit outrager l'humanité, qui vous fait un devoir de commettre les destinées de la nation française plutôt à la sagesse des négociations qu'à la décision du glaive.

Il s'agit d'examiner quelles sont les langues orientales les plus utiles, et surtout les plus convenables à notre situation présente, car leur domaine est très-vaste, et il ne sera pas inutile d'entrer dans quelques détails pour en déterminer les limites.

Ces langues peuvent se diviser en deux classes : les langues orientales vivantes et les langues orientales savantes ou mortes. Celles-ci embrassent le *sanscrit* et le *pakrit*, langues de l'Indostan, le *zend*, le *pazend* et le *pehlvique*, langues de la Perse ; enfin l'*hébreu*, le *chaldéen*, le *samaritain*, le *syriaque*, et toutes les autres langues bibliques.

La connoissance de ces diverses langues est indispensable pour approfondir les antiquités de l'Asie ; mais les travaux de ce genre ne se poursuivent avec succès que dans ce recueillement profond qui n'est pas compatible avec les agitations qui accompagnent *inévitablement* les grandes révolutions ; chaque citoyen est alors comptable de tout son temps à sa patrie ; il ne lui est permis de se livrer à des recherches de pure curiosité que lorsque son pays jouit, au sein d'une paix solide, des fruits tardifs de la liberté ; les recherches qu'elle nous commande aujourd'hui sont de démasquer tous les traîtres, et non pas d'éclairer des monumens enfoncés dans la nuit des siècles écoulés, de poursuivre la tyrannie qui revêt tous les masques pour ressaisir la verge de fer et d'oppression, de frapper de mort le despotisme qui s'essaye sous toutes les formes contre la toute-puissance du peuple ; c'est ainsi que dans la Fable *Archeloüs* se transforme diversement pour échapper à *Hercule*.

Il n'en est pas ainsi des langues orientales vivantes. Il est instant d'en assurer l'enseignement, parce que sans elles il est impossible de négocier avantageusement avec les naturels de l'Asie. D'un autre côté, les savans et les artistes tireront de différens ouvrages orientaux, sur l'astronomie, la chimie, la médecine, des matériaux précieux pour les arts et les sciences. Enfin, parce qu'il est nécessaire d'éclairer les nations étrangères sur les calomnies répandues avec profusion contre nous par les Allemands et les Anglais, car les pamphlets émis par les presses de *Batavia* et de *Calcutta* ont nui davantage à la révolution française, dans ces régions lointaines, que l'artillerie de toutes les puissances liguées pour nous asservir.

Donnons maintenant la notice géographique des principales langues orientales vivantes.

Le chinois présente des difficultés insurmontables, malgré les efforts qu'ont faits pour les aplanir *Bayer*, *Fourmont*, *Kircher*, *Joli*, *Webb*, et plusieurs missionnaires. La littérature chinoise est prodigieusement riche, comme on peut le voir par les matières répandues dans le quinzième volume des mémoires concernant les arts et les sciences chez les Chinois, et par le catalogue des nombreux ouvrages de cette langue, déposés à la bibliothèque nationale. Ces trésors littéraires auroient été longtemps inutiles aux étrangers, si

les Tartares Mantchoux, maîtres de la Chine en
1644, n'eussent créé plusieurs *tribunaux de savans*, uniquement occupés à traduire tous les livres chinois en mantchou. Cette dernière langue
est incomparablement moins difficile; elle a un
alphabet, une grammaire, en un mot *on y voit
clair*, dit le savant *Amyot*. Elle peut suppléer au
chinois dans les opérations commerciales comme
dans les lettres; elle est la mère langue de tous
les idiomes tartares usités dans le nord de l'*Asie*.
Nous avons un dictionnaire *mantchou* en trois volumes. Les événemens qui ont battu depuis cinq
ans la France et les lettres ont retardé la publi-
cation de quelques autres bons ouvrages destinés
à populariser la connoissance de cette langue.

Le japonais, employé dans les trois îles qui
composent le royaume oriental de tout notre
continent, est une espèce de dialecte du chinois,
et présente conséquemment de grandes difficultés. Il est défendu aux naturels du pays de l'enseigner aux *Hollandais*, les seuls Européens reçus
au Japon. Nous ne possédons qu'un petit vocabulaire japonais, publié à Rome par le père *Collardo*,
une grammaire et un vocabulaire de cette langue
dans le 3ᵉ vol. des voyages de *Thunberg*.

Le *thibétain*, qui ne se parle que dans le
royaume dont il porte le nom, mais que l'on
cultive dans toutes les contrées orientales et

septentrionales de l'Asie, renferme les livres dont les impostures sacrées peuvent être regardées comme l'origine de toutes celles qui exercent aujourd'hui la crédulité des hommes. Le père *Georgia* a publié, en 1772, un ouvrage intitulé *Alphabetum thibetanum*, rempli de la plus vaste érudition, mais insuffisant pour apprendre cette langue, qui, d'ailleurs, ne peut être jusqu'à présent d'aucune utilité dans nos relations politiques.

Le *malais*, langue originaire de la presqu'île de *Malacca*, est usité dans toutes les îles de l'océan indien. Tous les voyageurs s'accordent sur l'utilité de cette langue pour le commerce. Les Portugais, les Anglais et les Hollandais ont publié des livres élémentaires de cette langue : elle s'écrit avec les caractères arabes, auxquels on ajoute quelques points pour leur donner une nouvelle valeur.

Les idiomes vulgaires de l'Inde sont le *tamoule*, qui se parle depuis la côte d'Orixa jusqu'au cap Comorin et à Cochin, le *talinga*, le *more*, l'*indostan*, qui s'apprennent plutôt par l'usage que par le secours des professeurs.

Le persan est nécessaire dans les relations avec le *Nabad*, mais il diffère de celui qu'on parle en Perse, soit par la prononciation, soit par la conformation des lettres. La compagnie des Indes, en Angleterre, prodigue tous les ans des sommes considérables pour encourager l'étude du persan. Cette langue offre de grandes richesses en poésie; *Savidi*, *Hafir*, *Djanig*, et une foule d'autres écrivains, ont prouvé que leur nation ne le cédait pas aux Arabes, soit pour l'imagination, soit pour la fécondité. Elle a même plus de grâce et de goût dans le style, et c'est à juste titre que l'on nomma les Persans, les Français de l'Asie.

L'arabe est répandu dans tous les États musulmans, dans presque tout le midi de l'Asie, dans une grande partie de l'Afrique et en Barbarie, d'où nos départemens méridionaux tiroient autrefois leur blé et diverses autres denrées nécessaires à leur consommation. La littérature arabe est très-riche ; elle possède, entre autres ouvrages précieux, des traductions du grec, dont les originaux ne sont pas parvenus jusqu'à nous. Les livres élémentaires destinés à faciliter l'intelligence de la langue persane, sont nombreux, et cependant il n'en existe aucun en français.

Le turc offre peu de ressources pour la littérature; mais nos relations avec la Porte ottomane ne nous permettent pas d'en négliger l'étude.

L'utilité publique et commerciale doit seule nous guider dans le choix des langues orientales à enseigner. Au *persan*, au *turc*, à l'*arabe*, au *malais* et au *tartare de Crimée*, nous pourrons ajouter, dans la suite, le *tartare mantchou*, si nous reprenons nos relations avec la Chine.

Quelques-unes des langues dont nous venons de parler étoient enseignées dans le ci-devant collége de France. Mais cette branche d'enseignement n'étoit pas convenablement placée. Les manuscrits et les imprimés en langues orientales, d'une rareté et d'une cherté excessive, manquoient également aux professeurs et aux élèves; les uns et les autres étoient privés des secours nécessaires au succès de leurs travaux. C'est dans la bibliothèque nationale, c'est dans ce dépôt de tous les élémens de l'instruction en ce genre, que doit s'élever le monument destiné à l'enseignement public des langues orientales.

Le rapporteur présente un projet d'organisation qui est adopté.

RAPPORT

SUR LES HONNEURS À RENDRE À LA MÉMOIRE DE JEAN-JACQUES ROUSSEAU.

PAR LAKANAL,

Au nom du comité d'instruction publique

CITOYENS,

Vous avez accordé les honneurs du Panthéon

et décerné une statue à Jean-Jacques Rousseau.

Votre comité d'instruction publique m'a chargé de vous soumettre ses vues sur cet acte solennel de justice nationale, sollicité par l'influence journalière du philosophe genevois sur les progrès de la morale publique, par cette renommée toujours croissante, qui s'élèveroit à la fin contre vous si vous tardiez encore à lui donner son dernier éclat, en ouvrant à l'auteur du *Contrat social* et d'*Émile* les portes du Panthéon français.

La voix de toute une génération, nourrie de ses principes, et pour ainsi dire élevée par lui; la voix de la République entière l'y appelle; et ce temple, élevé par la patrie reconnoissante aux grands hommes qui l'ont servie, attend celui qui depuis si longtemps est placé en quelque sorte dans le Panthéon de l'opinion publique.

Sans doute ces honneurs sont légitimement dus aux citoyens qui, soit par leurs talens, soit par leur courage, ont, aux dépens de leur repos et même de leur vie, dirigé le vaisseau de l'État à travers les orages révolutionnaires; mais il est possible, et déjà même il n'est pas sans exemple que ces mêmes honneurs que l'enthousiasme a décernés, la justice les rétracte, lorsque le temps a fait tomber les masques, enlevé les superficies, et montré à nu les hommes et les événemens.

Au moment où tout un peuple, fatigué d'un

Mais à l'instant où il n'est plus, où ses moyens de séduction et ses prestiges personnels sont évanouis, où le cours des choses a emporté les circonstances, soit locales, soit temporaires, qu'avoient une partie de son influence et de sa renommée, s'il se découvre que cet homme fut vendu à d'autres intérêts qu'à ceux du peuple, qu'il fut le partisan secret, le complice du trône et l'instrument de la tyrannie; si l'on ne voit plus à la place de ses talens avilis et de ses vertus imaginaires, que vices, qu'intrigues, immoralité, corruption, alors le peuple indigné se soulève contre sa mémoire, une juste vengeance renverse les monumens élevés par une reconnoissance aveugle, et l'idole arrachée du sanctuaire est brisée et foulée avec dédain.

Le même revers n'est point à craindre pour le grand homme que vous y allez placer; seul, sans appui, sans prôneurs, il osa, au milieu d'un peuple endormi dans les fers, professer hautement, en face du despotisme, la science de la liberté. Dans un temps où tous les hommages étoient pour la naissance, les grandeurs, le crédit, les richesses, il fronda tous ces vieux préjugés, proclama l'égalité naturelle, mit à leur véritable place, c'est-à-dire au niveau du néant, les rangs et les priviléges; il heurta de front les gens en faveur, versa sur la coupable et stupide opulence tout le

lution française, ont surtout vanté l'influence du *Contrat social* et de ses autres écrits politiques. Il est vrai que dans ces immortels ouvrages, et surtout dans le premier, il développa les vérita. bles principes de la théorie sociale, et remonta jusqu'à l'essence primitive des associations hu- maines. Peut-être lui fallut-il autant de courage pour aborder alors en France ces questions déli- cates, que de vigueur d'esprit pour les traiter.

En France, où la force d'opinion avoit écrasé la force réelle, il soutint le droit de réprimer par la force le prétendu droit du plus fort; en France, où le gouvernement se jouoit sans pudeur des biens, des mœurs, des lois et des libertés, il rap- pela aux gouvernés leurs prérogatives usurpées par les gouvernemens; en France, où les rangs étoient pris pour des droits, où ils s'opprimoient graduellement entre eux et pesoient tous ensem- ble sur le peuple, il proclama l'égalité des droits et l'inaliénable souveraineté du peuple, fonde- ment de toute association légitime. Le *Contrat social* semble avoir été fait pour être prononcé en présence du genre humain assemblé, pour lui apprendre ce qu'il a été et ce qu'il a perdu. L'au- teur immortel de cet ouvrage s'est associé en quelque sorte à la gloire de la création du monde en donnant à ses habitans des lois universelles, et nécessaires comme celles de la nature, lois qui n'existoient que dans les écrits de ce grand homme avant que vous en eussiez fait présent aux peuples.

Mais les grandes maximes développées dans le *Contrat social*, tout évidentes, toutes simples qu'elles nous paroissent aujourd'hui, produisirent alors peu d'effet : on ne les entendit pas assez pour en profiter ni pour les craindre; elles étoient trop au-dessus de la portée commune des esprits, et même de la portée de ceux qui étoient ou croyoient être supérieurs aux esprits vulgaires; c'est en quelque sorte la révolution qui nous a expliqué le *Contrat social*. Il falloit donc qu'un autre ouvrage nous amenât à la révolution, nous élevât, nous instruisît, nous façonnât pour elle : et cet ouvrage, c'est *Émile*, le seul code d'éducation sanctionné par la nature.

Le nom seul de cet ouvrage rappelle d'abord de grands services rendus à l'humanité : l'enfance délivrée des liens barbares qui la déformoient, et de l'instruction servile qui l'abrutissoit; la méthode de la raison substituée à celle des préjugés et de la routine; l'enseignement rendu facile pour celui qui le reçoit, et la route de la vertu aplanie comme celle de la science; les mères, égarées jusque-là par la dissipation du monde, citées enfin devant le tribunal de la nature, et ramenées, par une éloquence irrésistible et par

l'attrait du plaisir, au plus doux comme au plus
sacré de leurs devoirs. Une foule d'écrivains
avoient prouvé avant Jean-Jacques que les mères
devoient nourrir leurs enfans; mais Rousseau,
dit un naturaliste célèbre, le commanda et se fit
obéir.

C'étoit déjà une révolution immense opérée
dans nos institutions et dans nos mœurs; mais
de plus, dans ce même livre, le peuple et les tyrans, les riches et les pauvres, les arts de luxe et
les arts utiles, étoient si bien mis à leur véritable
place; à toutes les sottises d'un régime absurde et
fait seulement pour des esclaves, étoient si naturellement substitués tous les principes d'un régime sage et digne de l'homme, qu'il falloit ou
en quitter la lecture, ce que l'entraînante séduction du style rendoit presque impossible, ou se
nourrir, même en dépit de soi, de ces germes
féconds d'une régénération prochaine.

Reculons vers le passé, reportons-nous par la
pensée à l'ancien régime, et figurons-nous entendre pour la première fois ces paroles :

« Dominé par ce qui l'entoure, sujet de ses
ministres, qui le sont à leur tour de leurs com-
mis, de leurs maîtresses, et des valets de leurs va-
tels, un despote est à la fois la plus vile et la plus
méprisable des créatures. »

« C'est le peuple qui compose le genre humain : ce qui n'est pas le peuple est si peu de chose que ce n'est pas la peine de le compter.»

« C'est la campagne qui fait le pays, et c'est le peuple de la campagne qui fait la nation.»

« Quand les pauvres ont bien voulu qu'il y eût des riches, les riches ont promis de nourrir tous ceux qui n'auroient de quoi vivre, ni par leur bien, ni par leur travail. Je ne suis maitre du bien qui passe par mes mains, qu'avec cette condition qui est attachée à sa propriété.»

Ne sont-ce pas là, citoyens, des maximes révolutionnaires : non pas de cette révolution qui étoit toute au profit de l'intrigue et de l'opulence, mais de cette révolution qui est la vôtre, et que vous voulez tourner tout entière au profit du peuple et de la vertu ? Eh bien ! toutes les pages d'*Émile*, du *Contrat social* et du *Discours sur l'inégalité des conditions*, réfléchissent ces grandes maximes.

Rousseau sentoit fortement la nécessité de reconstruire l'édifice social ; et de tous les écrivains qui ont prédit une révolution générale, aucun ne s'est expliqué plus clairement que lui.

C'est dans ce passage remarquable de son *Émile*, où il prescrit avec tant de force, et développe avec tant d'éloquence la nécessité d'apprendre à tout citoyen un art mécanique, précepte qui donna lieu dans ce temps à tant de

plates plaisanteries sur le gentilhomme menui-
sier. Esprits corrompus et frivoles, pour qui un
noble oisif étoit tout, et un artiste utile n'étoit
rien, vous croyiez au-dessous de ce que vous ap-
peliez fastueusement un gentilhomme, de trouver des moyens honorables d'exister dans le travail de ses bras!

« Vous vous fiez, disoit ce prévoyant et sage
instituteur, à l'ordre actuel de la société, sans
songer que cet ordre est sujet à des révolutions
inévitables, et qu'il vous est impossible de prévoir ni de prévenir celle qui peut regarder vos
enfans. Le grand devient petit, le riche devient
pauvre, le monarque devient sujet. Les coups du
sort sont-ils si rares que vous puissiez compter
d'en être exempts? *Nous approchons de l'état de
crise et du siècle des révolutions.* Tout ce qu'ont
fait les hommes, les hommes peuvent le détruire :
il n'y a de caractères ineffaçables que ceux qu'im-
prime la nature, et la nature ne fait ni princes,
ni riches, ni grands seigneurs. »

« Je tiens pour impossible, ajoutoit-il (et déjà
les triomphes de nos principes et de nos armes
garantissent la vérité de cet oracle), je tiens pour
impossible que les grandes monarchies de l'Europe aient encore longtemps à durer. Toutes ont
brillé, et tout État qui brille est sur son déclin. J'ai
de mon opinion des raisons plus particulières que

cette maxime. mais à n... pas à propos de se
dire. et chacun ... les voit que trou...

C'est ainsi que ... toutes ses ... politiques. l'illustre philosophe ... ses ...
ses contemporains. ... soi ... r. pour
comme la postérité.

Hâtez-vous ... ...
homme à sa tombe ... pour se ...
ner les honneurs ... ...
ner de l'immortalité. ... ...
bienfaiteur de l'humanité ... ... de-
fenseur. l'apôtre des ... ...
promoteur des droits de l'homme ...
précurseur de cette révolution. ... ...
pelés à ... pour ... ...
honorez en lui ses travaux ... ...
lesquels il brava ... ...
honorez l'homme ... ...
vécut loin de la corruption ... ...
faux éclat du monde. pour ... ...
mieux sentir la nature ... ...
samment ses ... ...
heur ; car il est ... ...
ble que le génie ... ...
calomnie, à sa persécution ... ...
même qu'ils ... ...
heureux. et ... ...
dette du génie et de sa vertu ... ...

enfin vous-mêmes, en honorant l'homme de génie qui fut le plus éloquent de vos instituteurs dans l'art sublime de policer les peuples, et justifiez cette autre prédiction de ce grand homme, non moins infaillible que la première:

« Quand vous verrez la vérité, écrivoit-il à un jeune ami, il ne sera pas pour cela temps de la dire: il faut attendre les révolutions qui lui seront favorables; c'est alors que le nom de mon ami, dont il faut maintenant se cacher, honorera ceux qui l'ont porté et qui rempliront les devoirs qu'il leur impose. »

La jalousie des talens supérieurs se vengea toujours sur le caractère. Pouvoit-elle épargner un écrivain dont le nom remplissoit l'Europe ? J'ai visité, dans un recueillement religieux, la vallée solitaire où le grand homme passa les dernières années de sa vie ; j'ai demeuré plusieurs jours au milieu des agriculteurs paisibles qu'il voyoit souvent dans tout l'abandon de l'amitié; *il étoit bien triste*, me disoient-ils, *mais il étoit bien bon !*.... J'ai cherché la vérité dans la bouche des hommes qui ont resté près de la nature.

Nous n'avons pas oublié, citoyens, que c'est un examen et non un panégyrique que vous nous avez chargé de vous présenter. Nous n'avons pas oublié que Rousseau a accusé les sciences d'une partie des maux qui ont affligé l'espèce humaine. Un écrivain, dira-t-on, qui appuie de semblables paradoxes, a-t-il donc tant de droits à la reconnoissance des nations libres? Ingrats! vous n'ignorez pas quelle en fut la cause! L'abus que vous en avez trop souvent fait, a été si funeste aux hommes, que, dans l'aliénation de sa douleur, il auroit voulu les replonger dans l'ignorance et dans l'état de sauvages. Respectez cet heureux délire; il n'appartient qu'à l'ami de l'humanité d'en éprouver de semblables.

Jean-Jacques s'est élevé contre les sciences; mais ses ouvrages prouvent combien il s'en est occupé. Non, elles ne sont pas contraires au bonheur des peuples : ce sont elles qui relèvent l'homme dans le malheur; elles consolèrent *Boëce* dans les fers; elles purifient les âmes de leurs sectateurs fidèles : que d'hommes parmi vous leur doivent et leurs plaisirs et leurs vertus! Ce sont elles qui répandent des lumières terribles sur les violateurs des principes. L'homme qui sait penser ne sauroit être esclave.

Votre comité a délibéré sur le caractère qu'on pouvoit donner à cette pompe solennelle : il a pensé qu'elle devoit retracer les différens titres de Jean-Jacques Rousseau à l'admiration et à la reconnoissance publique :

La musique qu'il cultiva et qu'il rendit pour ainsi dire à son innocence primitive; la botanique dont il fit une douce et consolante étude; les arts mécaniques qu'il fit respecter; les droits de l'homme qu'il réclama le premier; les mères et les enfans qu'il reporta en quelque sorte entre les bras de la nature; le peuple qu'il contribua à rendre libre, représenté par nos frères de Paris; la république de Genève qui a enfin vengé sa mémoire des outrages des aristocrates genevois, représentée par l'envoyé de cette république et par les patriotes de Genève établis à Paris; les habitans d'Ermenouville qui ont possédé longtemps ses dépouilles mortelles; des citoyens de la commune de Grolet et de celle de Montmorency, qui ont vu naître parmi eux ses plus beaux ouvrages, et qui lui ont les premiers élevé un monument champêtre; enfin la Convention nationale.

Mais il nous a semblé que le monument consacré à Jean-Jacques Rousseau, à l'ami de la campagne et de la nature, ne devait être que provisoirement placé dans le temple même des grands hommes. Si le vœu des amis des arts est rempli, ce temple ne restera point isolé au milieu de l'immense emplacement qui l'environne; on a proposé depuis longtemps de l'entourer d'une vaste plantation d'arbres dont l'ombre silencieuse ajouteroit au sentiment religieux qu'inspire ce monument funéraire. Il seroit facile de ménager dans ce bois auguste une enceinte de peupliers, au milieu de laquelle seront définitivement placé le monument élevé à l'auteur d'*Émile*. Depuis sa mort, il semble que l'idée de cet arbre mélancolique est devenue en quelque sorte inséparable de celle de son tombeau, et ce spectacle attendrissant rappellerait à ..... aux âmes sensibles le souvenir des bocages d'Ermenonville.

Voici le plan de la fête.

Le cortège sera composé :

1° D'un groupe d'artistes .... tant des airs du *Devin du village*, et d'autres airs de la composition de Jean-Jacques Rousseau.

2° D'un groupe de .... des .... de plantes.

Inscription.

L'étude de la nature .... nes.

3° D'un groupe d'artistes .. .. les instrumens de ....

Inscription.

Il rétablira les arts utiles.

4° D'un groupe de .... Paris, portant sa ... . les .... l'homme

Dans la répartition des mémoires présentés au concours pour la composition des livres élémentaires, il y en eut trois écrits en langue latine, *sed sermone pedestri qui nullo modo Ciceronem redoleret.* L'examen de ces mémoires me fut dévolu, parce que plusieurs membres du jury savoient que j'avois professé dix-huit ans dans la même congrégation séculière que mon excellent ami Laromiguière. Nous nous sommes plusieurs fois trouvés ensemble, et nous ne nous sommes jamais perdus de souvenir. Il m'adressa à la Convention, en trois petits cahiers, les premiers jets du cours de philosophie qu'il a fait, dans la suite, dans l'université de Paris, et qui l'a placé si haut dans l'opinion publique. Il étoit, à l'époque de cet envoi, professeur de philosophie au collége de Lesquille à Toulouse; dans la suite, nous nous sommes retrouvés ensemble à l'école normale mère à Paris : il eût dû y être assis sur le fauteuil présidentiel, et moi sur l'humble banquette.

Dans le discours prononcé sur la tombe de cet illustre citoyen, par l'honorable M. Victor le Clerc, membre de l'Académie des inscriptions et belles-lettres, doyen de la faculté des lettres de Paris, on lit:

« Pierre Laromiguière entra en 1756 dans la « congrégation de la doctrine chrétienne, cette

« corporation enseignant qu... ....
« ratoire. a donn.. .an. d'.n.s.r.. ....
« l'universit.-renaissan.. .....ig.....
« à parcour.. .. ..
« lever par ... .
« gent de cinqu.... .. ..
« de secon... ....
« doctrin.. .. Mess.. .....
« professeur .. ..
romigu.er.. ....
dans la doct...
la hiérarc...
trieme. troisi...
Gimo.t. ....
que à P.....

Reçu .....
j'ai profess.......
Bour...
dont .. ....
et de ....
facult. .. ...
philos.....
j'occup...
a l'.......
....
....
C.......
par .. ..

de la doctrine étoit supprimée depuis longtemps,
lorsque j'appris que son ancien et vénérable général languissoit dans un état voisin de l'indigence. Je m'empressai de me rendre auprès d'un
vieillard respectable qui m'avoit toujours traité
en père, et j'agis envers lui comme un fils respectueux et reconnoissant. Je le proposai au comité, pour une place importante; malheureusement il étoit connu de plusieurs de mes collègues,
par son aversion trop peu circonspecte pour le
nouvel ordre de choses, et ma proposition fut
rejetée. Quelque temps après, le professeur Duhamel, instituteur-adjoint des sourds-muets de
l'école de Paris, dirigée par l'abbé Sicard, qui,
comme Laromiguière et moi, avoit longtemps
professé dans la congrégation de la doctrine,
vint me demander d'être admis comme élève à
l'école normale; nous accueillîmes sa demande
mon collègue et moi. La place d'instituteur-adjoint
des sourds-muets étoit vacante; je priai M. Sicard
de demander au comité d'instruction d'y nommer
notre père commun. Je ne priai pas, je suppliai
le comité d'accueillir cette demande; je fus exaucé,
et ce fut un des plus heureux jours de ma vie.
Voyez l'acte de la démission de Duhamel et la
petition de Sicard. (*Voyez la correspondance*).

M. Sicard se trouvoit dans la position la plus
périlleuse; il s'agissoit de sa sûreté, entièrement

compromise, et peut-être même de sa vie; c'est en exposant la mienne que je l'ai sauvé. Voyez sa lettre dans la correspondance.

J'omets un grand nombre de rapports dont les projets ont été adoptés par nos assemblées nationales, 1° sur les écoles militaires; 2° sur le collége de Saint-Martial à Toulouse; 3° sur l'université de Montpellier; 4° sur l'école d'Auxerre; 5° sur Joseph Sauveur, massacré dans la Vendée; 6° sur le dictionnaire de l'Académie; 7° sur les députés détenus dans les prisons de l'Autriche et livrés par Dumouriez. La plupart de ces rapports sont dans le *Moniteur*.

Mon unique ambition fut toujours de servir mon pays en défendant la cause des lettres. Nul motif d'intérêt personnel n'altérera jamais la pureté de ces principes. Membre du corps électoral du département de Seine-et-Oise en l'an VI, je fus nommé au Corps législatif, et je refusai cet honneur. Je fus réélu dans la même session; je refusai de nouveau, et je fis insérer dans le procès-verbal cette courte allocution :

« Lorsque les armées ennemies étoient aux « portes de la capitale, j'ai accepté les fonctions « périlleuses de représentant du peuple; aujour-« d'hui, que les Alpes, les Pyrénées s'aplanissent

« je vous ai vu constamment respecter vous-même celle des
« autres, et ne point vous éloigner d'hommes estimables lors-
« que des préventions redoutables jetoient sur eux de la dé-
« faveur.

« Nous avons eu soin de déposer dans le projet d'acte cons-
« titutionnel des bases d'instruction qui ne se trouvoient dans
« aucune précédente constitution. La réduction des écoles
« centrales n'est point impérative. Nous avons cru consolider
« ces établissemens en demandant qu'il y en eût *au moins* un
« pour deux départemens. L'essentiel est de n'entraver l'opé-
« ration ni par la dépense, ni par la difficulté de trouver
« des professeurs, et de faciliter l'organisation en la restrei-
« gnant provisoirement à ce qui est possible. Notre but cons-
« tant a été d'étendre les lumières, et d'en assurer la conser-
« vation. »

Je vous salue, citoyen collègue, fraternellement
et de tout mon cœur,

P.-C.-L. BAUDIN (des Ardennes).

3° Dans le cours de mon commissariat général pour l'organisation des quatre départemens
de la rive gauche du Rhin, j'ai mérité, j'ai obtenu la confiance publique. Lisez la pétition adressée à mon insu, par tous les fonctionnaires publics de Mayence, au Directoire exécutif qui me
la renvoya ; lisez aussi l'extrait de la lettre du général *Muller.*

LE GÉNÉRAL EN CHEF AU CITOYEN LAKANAL, COMMISSAIRE
DE LA RÉPUBLIQUE.

« Le sort de l'armée, citoyen commissaire, repose en partie
« sur vous ; Mayence tombera au pouvoir de l'ennemi qui s'a-
« vance ; sans vos efforts et votre appui je ne puis l'arrêter. »

Mayence, le 28 fructidor, an vii de la R. F.

AU DIRECTOIRE EXÉCUTIF.

« *Citoyens Directeurs* ,

« Une vérité dont tous ceux qui connoissent l'histoire du
« siége de Mayence en 1793 v. st., sont moralement con-
« vaincus, est, que cette place a été livrée ou vendue à l'en-
« nemi. Une vérité matériellement constante est, qu'on n'a
« pas daigné penser aux patriotes, lorsqu'on trouva bon de
« capituler : preuve que le patriotisme n'eut pas de part à la
« capitulation, et qu'on craignait trop les républicains pour
« négocier leur passage en France.

« Que les ennemis de la République comptent toujours sur
« des trahisons, et malheureusement tous les traîtres n'étaient
« pas connus au renouvellement de la guerre, c'est prouvé
« par les redditions des places fortes d'Italie, et par les arrê-
« tés que vous avez pris, citoyens Directeurs, pour traduire
« les commandants devant des conseils de guerre.

« Il est vraisemblable, citoyens Directeurs, que si des com-
« missaires civils, choisis parmi les Républicains, qui, par leurs
« actes passés, ont rompu à jamais avec le despotisme, avaient
« assisté aux conseils de guerre de Turin et de Mantoue, ces
« forteresses tiendraient encore, Joubert vivrait, nos armes
« seraient triomphantes, et le Russe et l'Autrichien seraient
« relancés au delà des alpes Noriques.

« Des hommes qui ont tout à craindre du retour de leurs
« tyrans; qui déjà en 1793 ont essuyé leurs vengeances, alors
« bien moins féroces qu'elles le seraient aujourd'hui; qui ont
« des propriétés et des familles; ces hommes, citoyens Direc-
« teurs, ont besoin d'une garantie, et cette garantie ils ne la
« trouveront que dans la nomination d'un commissaire civil
« pour la garnison de Mayence; mais il faut qu'il ait donné

« Vous avez vu les généraux Lallemant, Lefèvre-
« Desnouettes, Pennières, Garnier de Saintes, etc.;
« vous êtes le seul qui ayez bien opéré; il ne nous
« reste qu'à vous imiter. »

Voici la lettre du député que les Français réunis à Philadelphie envoyèrent à Washington, pour stipuler leurs intérêts auprès du congrès.

Washington city, 25 février 1817.

Votre lettre du 3 de ce mois, mon respectable ami, m'est parvenue hier dans cette capitale du monde libre. J'ai été envoyé ici, par notre société, comme solliciteur près du congrès, et déjà par son décret du 21 de ce mois, le sénat nous a accordé une partie de nos demandes, c'est-à-dire 92,160 acres de terre payables dans quatorze années sans intérêt; il ne nous faut plus que le concours de la chambre des représentans et l'approbation du président (ce dont nous sommes très-assurés, je parle du président) pour que ce décret ait les caractères d'une loi.

N'ayant point d'introduction auprès de M. Claye, je m'en fis une de la copie que vous m'aviez envoyée de sa lettre du mois de juillet dernier. Sa réception fut celle d'un homme qui se fonde entièrement sur la popularité et dont par conséquent tout l'art est de satisfaire sans s'engager. Hier matin, je le vis encore; *je savois* que vous lui aviez écrit, il en convint, me reçut mieux, mais *me parla peu* de votre lettre. Le soir je le rencontrai en société; j'avois *alors* reçu la copie de votre lettre de ce mois, et je le lui dis : Dans ce cas obligez-moi de me la traduire : j'ai honte de l'avouer, mais j'ai perdu mon français et je ne puis lire cette lettre. Il étoit alors onze heures du soir; à neuf ce matin, je lui ai porté la traduction de votre lettre, et il a pu se nourrir tout à son aise de la lettre la plus flatteuse qu'il ait jamais reçue de sa vie, mais la mieux écrite et tellement bien, qu'en dépit de *l'excès des louanges*, le caractère le plus républicain est obligé de se soumettre et d'*avaler la pilule*. Il me dit en souriant : Vous méritez qu'on s'emploie pour vous; vous ne vous êtes donc pas couché? Vous êtes digne d'être *l'ami de M. Lakanal, je ferai tout pour son ami.* Ah ! quand j'ai déclaré que vous étiez le génie qui conduirait notre barque à bon port, et quand j'ai accoutumé chacun de nos membres à vous appeler le régulateur de la société, je n'ai fait que satisfaire à l'élan de mon cœur *et à la vérité*, etc.

Recevez l'assurance du dévouement sans bornes de votre ami respectueux,

PARMANTIER.

———————

EXTRAITS

DE MA CORRESPONDANCE

Avec les savans et les gens de lettres, durant l'exercice de mes hautes fonctions publiques, à la Convention nationale, au Conseil des Cinq-Cents, dans les départements, comme représentant du peuple, et dans les départemens de la rive gauche du Rhin, comme commissaire général.

———

Les neuf dixièmes de cette correspondance sont perdus; je ne parle dans cette notice que des pièces autographes qui me restent.

Je ne produis aucune lettre d'aucun auteur vivant. *Je tiens toutes ces pièces à la disposition de ceux de mes honorables confrères qui voudroient en prendre communication.*

C'est sur le vu des pièces autographes que cet opuscule est imprimé.

VICQ-D'AZYR, LAVOISIER.

« I. J'envoie à monsieur Lavoisier le projet de décret tel que
« je l'ai conçu en faveur de la Société de médecine; il pourroit
« être placé à la suite du décret qui conservera une existence
« provisoire à l'Académie des sciences. Il est certain que notre
« correspondance avec les officiers de santé des départemens,

« est utile et ne peut être interrompue sans inconvénient.
« Ainsi il est utile et juste que la Société de médecine soit
« conservée provisoirement et seulement sous le rapport du
« *bureau de consultation pour les règles de salubrité.* Toutes
« les fonctions académiques de la Société cesseront et celles-
« là seulement pourront subsister. Vous verrez ce matin le
« citoyen Lakanal; montrez-lui ce projet de décret qui
« est simple et que, sans doute, on peut mieux rédiger encore.
« Que je vous doive un bien grand service, la conservation
« d'un établissement qui me coûte tant de travaux. »

VICQ-D'AZYR.

II. Lettre sur les académies, destinées à hâter les progrès
des sciences, n° 2; lettre sur la Société de médecine, n° 1;
lettre sur les services nombreux que la Société de médecine a
rendus à divers départements, n° 1. Vous en avez dans cet
opuscule à la page 223 ce qui est dit sur Lavoisier.

LAPLACE.

n° 1.

(Le 7 nivôse an ... .)

« Le citoyen Laplace a vu la lettre du citoyen Lakanal
« relative à l'organisation des conservatoires, ...
« à Paris, pour ...
« tant au progrès des sciences. Il prie ...
« vouloir bien lui indiquer ...
« chercher la réponse dans ...
« publique, s'en a les écrit se suer. »

n° 2

(...)

« Voici le résultat de mes réflexions sur les questions ...

« observatoires. Je propose d'attacher à l'observatoire na-
« tional trois astronomes, et à chacun d'eux un élève.

« Pour ne laisser échapper aucune observation importante,
« on peut conserver l'observatoire de la ci-devant École
« militaire, et y attacher un astronome et un élève.

« Je pense qu'il suffit d'entretenir cinq observatoires choisis
« convenablement parmi ceux qui existent dans les dépar-
« temens.

« Pour diriger ces observatoires, pour recueillir et publier
« les observations, en tirer le meilleur parti, et perfectionner
« les théories et les tables astronomiques, je propose de créer
« une *commission d'astronomie*, formée de trois géomètres et
« de quatre astronomes, attachés aux deux observatoires de
« Paris.

« Les membres de cette commission seroient nommés par
« la Convention nationale, sur la présentation du Comité
« d'instruction publique.

« Avant de s'occuper des observatoires des départemens,
« on peut former d'abord cette commission, et la mettre sur-
« le-champ en possession des deux observatoires de Paris :
« par ce moyen simple et peu dispendieux, les travaux astro-
« nomiques reprendroient leur activité, et le Comité d'ins-
« truction publique trouveroit dans les lumières de cette
« commission, les renseignemens dont il auroit besoin pour
« organiser les observatoires, et pour accélérer les progrès
« de l'astronomie.

« Cette belle science mérite de fixer particulièrement l'at-
« tention des législateurs par la sublimité de ses découvertes,
« par leur importance dans la navigation et la géographie, et
« surtout par ses rapports essentiels avec le bonheur et la
« liberté de l'espèce humaine : les erreurs de l'astrologie, les
« vaines terreurs qui ont accompagné les éclipses, et l'appa-
« rition des comètes, assiégent encore, si je puis ainsi dire,
« l'entendement humain, et n'attendent, pour y rentrer, que
« le retour de l'ignorance : observez, d'ailleurs, que partout

« la superstition a placé son point d'appui dans un ciel ima-
« ginaire, pour agiter et pour asservir la terre, et que rien
« n'est plus propre à garantir les hommes de ses honteux et
« funestes effets, que la connoissance du vrai système du
« monde, et la considération de l'immensité de l'univers.

« Je vous renouvelle, Citoyen, ma reconnoissance de tout
« ce que vous avez fait pour les sciences : elles sauront trans-
« mettre à la postérité les noms de ceux qui, dans la crise
« qu'elles viennent d'éprouver, ont constamment lutté contre
« la barbarie, et le vôtre sera l'un des plus distingués, etc. »

LAPLACE.

LACÉPÈDE.

« Nommé à la nouvelle chaire de zoologie du Muséum
« national d'histoire naturelle, je me suis empressé de vous
« chercher, afin de vous remercier, pour ma part, de tout le
« bien que vous avez fait à l'établissement auquel je viens
« d'être attaché de nouveau, et à la science que je cultive
« depuis longtemps. J'ai parcouru inutilement la rue des
« Saints-Pères où l'on m'avoit dit que vous logiez. Je n'ai pas
« voulu aller vous détourner au milieu du Comité d'instruc-
« tion publique, ni dans le temps des séances de l'École
« normale auxquelles j'ai assisté; cependant j'ai besoin de
« vous dire que le citoyen Daubenton m'a instruit de tout ce
« que vous avez fait pour mon retour au Muséum, et pour
« ma sûreté personnelle. J'ai cru qu'un billet étant l'expression
« la plus courte de ma reconnoissance, vous seroit la moins
« importune. Je vais terminer la préparation de mon cours,
« qui commencera, je crois, le 1er germinal, afin que toutes
« les parties de l'histoire naturelle soient démontrées en
« même temps, et que le tableau complet de cette science,
« qui donne la naissance à tant d'autres, puisse être présenté
« aux citoyens que vous avez appelés pour la solennelle et
« grande institution des écoles normales, et qui voudront

« profiter de leur séjour à Paris, pour ajouter de nouvelles
« recherches à celles pour lesquelles vous les aviez réu-
« nis, etc.»

LACÉPÈDE.
Chez le citoyen Geoffroi, professeur.

21 *pluviôse an* III.

J'ai conservé d'autres lettres de Laplace et de Lacépède sur
divers objets importans.

LALANDE.
QUATORZE PIÈCES.

Extraits n° 1. — N° 2.

« Vous m'avez fait donner 3000 fr.; je vous réitère le ser-
« ment de les employer pour l'astronomie, ainsi que tout ce
« que j'ai. Je ne puis mieux vous remercier.»

Extrait n° 4.

« Vous n'avez pas voulu recevoir en personne mes re-
« mercîmens; vous les verrez dans le *Magasin encyclopé-
« dique*, etc. »

Extrait n° 6.

« J'ai bien à cœur de vous présenter la Connoissance des
« temps au nom du Bureau des longitudes, qui vous reconnoît
« pour son créateur et qui veut vous rendre hommage en
« cette qualité. Donnez-moi un rendez-vous, etc.»

Le 7 mai 1805.

« Il y a aujourd'ui dix ans que vous me nommâtes direc-
« teur de l'Observatoire; et ce titre me fut si agréable que
« je ne prends encore d'autre qualité que celle d'ancien
« directeur.»

N. B. Les autres lettres ont pour objet, le Bureau des longitudes; l'observatoire de Lacaille (voyez, dans cet opuscule, le rapport page 126); l'observatoire de Manheim (Bade); le collége royal, place Cambrai; les intercalations du calendrier républicain, que l'auteur juge plus simple, plus naturel, plus commode que l'ancien.

DAUBENTON, de l'anc. Acad. des sciences.

DIX-HUIT PIÈCES.

Dans *la France littéraire*, article Daubenton, par Cuvier, page 136, on lit : « Sans Daubenton nous n'aurions pas « Buffon. »

Voyez mon rapport sur Daubenton, page 176 de cet opuscule. Toutes les lettres de Daubenton, écrites en entier de sa main, ont pour objet, le Muséum d'histoire naturelle, l'École normale où il désiroit un cours de botanique et d'anatomie pour professeur; le Collége de France; le Cabinet d'histoire naturelle de Chantilly, etc.

Extrait n° 17.

« Vous avez travaillé pour le bien du Cabinet d'histoire « naturelle que vous aimez; vous me rendez d'une manière « si obligeante que je ne puis vous en témoigner toute ma « reconnoissance. »

Extrait n° 1.

« J'ai grand besoin d'avoir un moment d'entretien avec « vous; cependant je ne vous le demande que si vous même, « parce que vous me refusez les autres avec que vous qui « gnent la peine de venir me trouver; je ne consulte « votre volonté, etc. »

SAGE, de l'anc. Acad. des scien.

un extrait

Sur un cours ....

14

cole des mines à la Monnoie ; sur la rente viagère qui lui avoit été accordée pour l'indemniser de la cession de son cabinet. Je réussis enfin à le satisfaire.

BOSSUT, de l'anc. Acad. des sciences.

17 nivôse an III.

Extrait.

« Agréez, je vous prie, aimable et savant citoyen, mes re-
« mercîmens particuliers ; car je n'ignore pas que je vous dois
« la gratification des trois mille francs que la Convention vient
« de m'accorder, etc.»

COUSIN, de l'anc. Acad. des sciences.

« Le citoyen Cousin confie ces courtes réflexions à l'homme
« vertueux qui a pris intérêt à lui. Il n'a jamais confié ce
« secret de sa fortune à qui que ce soit au monde.

Paris, 24 mars 1793.

LE ROY, de l'anc. Acad. des sciences.

5 ventôse an III.

Extrait.

« Comme je sais, citoyen représentant, que personne ne
« s'intéresse plus que vous à tout ce qui peut augmenter la
« richesse et la prospérité du cabinet d'histoire naturelle du
« Jardin des Plantes, je m'empresse de vous prévenir que
« l'infortuné Pollier, qui vient d'être assassiné près d'Avignon,
« et qui avait passé un temps considérable dans l'Inde, avoit
« des recueils précieux de dessins de plantes et d'autres objets
« qu'il avoit fait faire à grands frais, quand il étoit dans cette
« partie du monde ; je vous en préviens comme ayant été son
« correspondant, afin que vous empêchiez que ces objets
« précieux ne soient pillés, etc.»

LE MONNIER, conservat. de la bibliothèque du Panthéon.

Extrait.

« Agréez, je vous prie, mes remercîmens de toutes les choses
« obligeantes que vous dites et que vous faites pour moi.
« L'approbation d'un citoyen de votre mérite est un encou-
« ragement : je vais tâcher de m'en rendre digne et travailler
« avec zèle à la traduction de Plaute. J'ose me persuader que
« la traduction de Térence (*demptis obscenis*) pourroit être
« mise entre les mains des élèves des écoles centrales. J'ai
« aussi des fables nouvelles à ajouter aux premières. Je vous
« prierai de juger si, sans danger, elles peuvent être mises
« entre les mains de la jeunesse, etc. »

HAUY, de l'anc. Acad. des sciences.

Ce 13 frimaire an III de la R. F.

**HAUY AU CITOYEN LAKANAL, PRÉSIDENT DU COMITÉ
D'INSTRUCTION PUBLIQUE.**

Citoyen président ,

« L'expédition que tu m'as adressée de l'arrêté du Comité
« d'instruction publique, relatif à la composition des ouvrages
« élémentaires, ne m'est parvenue qu'hier au soir, et je saisis
« le premier moment dont je puis disposer, pour t'en accuser
« la réception, et te témoigner, citoyen président, combien
« je suis flatté de la confiance du Comité et en même temps
« effrayé de la tâche qu'il m'impose. À peine sorti du travail
« sur les mesures républicaines, au jugement dire qu'il . . ..
« excès de ma part, s'il pouvoit y en avoir dans le service de
« la patrie, je viens d'être placé par le Comité ce même public
« dans la nouvelle agence des mines. Mes fonctions . ....
« très-multipliées par la nature même de ce . . . .

« naissant, auquel il s'agit d'imprimer un grand mouvement,
« se trouvent encore accrues par l'engagement que j'ai con-
« tracté de faire des cours de perspective et de physique
« pour l'instruction des élèves des mines. Ces obstacles se-
« roient sans doute un sujet légitime d'excuse pour moi qui,
« même au milieu d'un parfait loisir, aurois déjà tant de
« raisons de me défier de mes forces. Mais l'observation
« qui termine ta lettre, citoyen président, ne me laisse que
« le parti de l'obéissance. Je vais faire tous mes efforts pour
« m'agrandir et m'élever au-dessus de moi-même. Je n'épar-
« gnerai ni mes soins ni mon temps. Le zèle du bien public
« prendra la place de ma prédilection particulière pour mon
« traité de minéralogie, auquel j'espérois employer ici tous
« les momens que mes fonctions me laisseroient. Je prie seu-
« lement le Comité de ne pas me rendre responsable des re-
« tards que, malgré toute mon activité, pourroit éprouver un
« travail dont je sens toute l'importance et toute la difficulté,
« soit en lui-même, soit par le vif désir que j'ai de remplir les
« vues de ceux qui m'en ont chargé, et d'en voir le succès
« garanti par leur suffrage. »

Salut et fraternité,

HAUY.

PINGRÉ, de l'anc. Acad. des sciences.

Il réclame et motive la demande du *Journal sténographi-
que de l'Ecole normale,* pour être déposé à la bibliothèque du
Panthéon. Je m'empressai de satisfaire à la demande de cet
illustre savant.

JEAURAT, de l'anc. Acad. des sciences.

CINQ PIÈCES.

Extrait.

« Vous ayant déjà, respectable citoyen, l'obligation de
« m'avoir procuré une récompense accordée aux savans, je

« Il y a plusieurs jours que Volney m'avoit demandé de le
« mener chez toi; je le lui avois promis. Les inepties et
« les horreurs dont on m'a forcé de m'occuper ont rendu la
« chose impossible. Il te remettra ce billet; et quand vous
« vous serez dit deux mots, chacun de vous connoîtra un
« homme. Parlez-vous donc.

> « Je t'embrasse et je t'aime tendrement,

> **GARAT. »**

POUGENS.

TROIS PIÈCES.

Extrait n° 1.

« Je ne puis vous exprimer combien je suis touché et recon-
« noissant de votre lettre; toute ma vie je garderai le souvenir
« de tout ce que vous avez fait pour moi, et surtout de la ma-
« nière noble et sensible dont vous m'avez traité. Oh! je n'ou-
« blierai jamais les trois mille francs que vous me fîtes
« compter. Je venois de perdre vingt-quatre mille livres de
« rente et j'étois sans pain ! »

ANDRIEUX.

ANDRIEUX AU CITOYEN LAKANAL, REPRÉSENTANT DU PEUPLE.

Citoyen,

« Je viens vous faire une demande, sans être connu de
« vous, mais parce que je vous connois. Vous vous êtes dévoué
« à l'instruction publique; tout bon Français, toute créature
« raisonnable doit bénir vos travaux, et faire des vœux pour
« leur succès. Personne ne peut douter du désir ardent que
« vous avez de réussir dans cette grande et glorieuse
« tâche, etc.

Le corps de la lettre est relatif à l'excellent M. Amaury
Duval.

« Agréez mes salutations fraternelles et respectueuses. »

> **ANDRIEUX.**

Ce 6 germinal an III.

GINGUENÉ.

TROIS PIÈCES.

Extrait n° 2.

« Ce dont je suis plus pressé, c'est de vous dire combien je
« suis touché de l'empressement amical que vous avez déjà
« mis et que vous continuez de mettre à l'affaire dont je vous
« dois l'idée, et dont, si elle réussit, je vous devrai tout le
« succès : quel qu'il soit, je ne vous en aurai pas moins d'obli-
« gation. Vous êtes vraiment le modèle des amis chauds. Je
« veux faire passer en proverbe : *Servir ses amis comme
« Lakanal.* »

BUACHE, professeur de l'École normale.

Deux lettres très-détaillées sur l'École normale.

VOLNEY, professeur à l'École normale, propose des vues
d'amélioration utiles au succès de son cours d'histoire.

MILLIN, conservateur de la Bibliothèque nationale.

Cinq lettres sur ses Élémens d'histoire naturelle présentés
au concours pour les livres élémentaires, etc.

LANGLÈS expose ses vues sur l'organisation d'une école
de langues vivantes diplomatiques.

CHAPPE, ingénieur télégraphique.

SEPT LETTRES.

« Tout a tourné comme nous le désirions, et comme vous
« l'aviez prévu. Je me rendrai demain au Comité d'instruction
« pour vous prier de me présenter à vos deux collègues Dau-
« nou et Arbogast, chargés avec vous de l'examen de mon
« projet, et nous concerter sur les moyens d'exécution, etc. »

CHAPPE.

« primer votre rapport à la tête de l'ouvrage? J'irai incessam-
« ment me présenter à votre Comité et vous demander réponse
« sur cet objet, etc.»

GRÉGOIRE.

TROIS PIÈCES.

Extrait n° 2.

« Cette démarche de votre part est la millième preuve de
« votre dévouement à la cause de la liberté et des sciences;
« favorisons, par tous les moyens, cette double cause; elle
« sera toujours la vôtre et la mienne, fût-elle réduite à n'avoir
« plus que CES DEUX avocats, etc.»

MERCIER, de l'Institut.

« Monsieur et cher collègue,

« J'ai reçu vendredi dernier votre très-amicale et très-
« obligeante lettre, avec les trois mandats de 100 fr. qui y
« étoient inclus; je vous en fais tous mes remercîmens; ce
« service n'est point léger dans les circonstances où je me
« trouve. Puissé-je trouver l'occasion de vous témoigner
« toute ma reconnoissance.

« J'ai toujours eu la plus grande confiance en votre amitié,
« et voilà pourquoi je n'ai pas balancé à vous faire cette de-
« mande dans un cas assez urgent.

« Recevez tous les sentimens de ma gratitude et d'un atta-
« chement inviolable et si légitimement fondé.»

MERCIER.

DESFONTAINES.

Paris, le 11 nivôse an ii de la R. F.

« CITOYEN LÉGISLATEUR,

« Les professeurs du Muséum d'histoire naturelle m'ont
« chargé de vous envoyer la lettre ci-incluse, telle qu'elle a
« été rédigée dans leur assemblée du 11 nivôse, afin que vous
« en fassiez l'usage qui vous paraîtra convenable. Je suis bien
« satisfait de trouver cette occasion pour me rappeler à votre
« souvenir et pour vous renouveler les assurances de mon
« estime et de mon inviolable attachement. Si j'avois pu prévoir
« le jour où vous êtes venu au Jardin, je ne me serois sûre-
« ment pas absenté et j'aurois eu le plaisir à vous y recevoir.
« J'ai appris avec bien de la peine que vous alliez encore
« vous éloigner de nous pour quelque temps ; votre absence
« est une perte pour notre établissement, dont vous avez été
« le plus ferme appui et qui auroit encore bien besoin de vos
« conseils. J'espère qu'il s'organisera en peu de temps; nous y
« emploierons tous les soins dont nous pouvons être capables,
« et nous ferons tous nos efforts pour le rendre vraiment
« digne de la nation à laquelle il appartient. *Vous en êtes le*
« *nouveau fondateur, et nous ne perdrons jamais de vue les ser-*
« *vices importans que vous lui avez rendus.*

« Agréez les assurances d'une estime et d'une amitié sincère
« dont je vous prie d'être bien persuadé.

« Salut et fraternité. »

Le citoyen **DESFONTAINES**,
Secrét. du Muséum d'hist. nat.

INDEX

A l'usage du lecteur qui désirera s'épargner l'ennui que pourrait lui causer la lecture entière de ce petit ouvrage.

———————

INSTITUT.

FIN.

CPSIA information can be obtained
at www.ICGtesting.com
Printed in the USA
BVHW071450051218
534846BV00011B/287/P